Luise Rinser und Hermann Hesse

Briefwechsel 1935 - 1951

Umschlagentwurf: Gil Ziner Express-Graphic Caleta de Vélez

Gedruckt auf umweltfreundlichem Papier FSC
Printed in Germany
ISBN 978-3-945732-15-1 (Hardcover)
978-3-945732-16-8 (Paperback)
978-3-945732-17-5 (eBook)

Bibliografische Information der Deutschen Nationalbibliothek:
Die Deutsche Nationalbibliothek verzeichnet diese Publikation in der Deutschen Nationalbibliografie. Detaillierte Daten sind im Internet unter http:// dnb.d-nb.de abrufbar.

Luise Rinser und Hermann Hesse

Briefwechsel 1935-1951

Mit einem einführenden Essay von
Rüdiger Haas

Enthält zusätzlich Luise Rinsers Vortrag
Hermann Hesse und die fernöstliche Philosophie
gehalten während der Hesse-Woche 1978 in Berlin

außerdem ihren Aufsatz
Hermann Hesse
von 1947

AUFGANG VERLAG

Inhaltsverzeichnis

Rüdiger Haas

Ein Blick ins Morgenland
Zum Briefwechsel Luise Rinsers mit Hermann Hesse

Einleitung: Die Dokumente

In den Literaturarchiven von Marbach und Bern kann man dreißig Briefe von Luise Rinser an Hermann Hesse aus der Zeit zwischen dem 19. August 1935 und dem 31. März 1951 einsehen.
23 Briefe, zum Teil ohne Ort und Datum, existieren von Hermann Hesse an Luise Rinser im Zeitraum zwischen 1935 und 1951. Das letzte vorliegende Dokument ist Hesses Antwort 1951 auf Rinsers Brief vom 31. März 1951.
Ihren nicht mehr vorhandenen ersten Glückwunschbrief an Hesse vom Juni 1935 bezeugt Luise Rinser selbst in ihrem Brief vom 21. Juni 1942.
Die beiden Schriftsteller sind sich nie begegnet, trotz Rinsers oft geäußertem Wunsch, Hesse in der Schweiz zu besuchen.

1. Phase: 1939–1946

Der dokumentierte Briefwechsel beginnt nach Luise Rinsers Heirat und dem Umzug von Oberbayern nach Braunschweig. Aus ihrer „Mietskaserne“, wie sie die neuen Wohnverhältnisse nennt und damit ihren „Groll gegen Städte“ beschreibt, sieht sie am 19. August 1939 vier seelisch-geistige Gemeinsamkeiten mit Hesse: die Heimatlosigkeit, die Trauer, das Kämpfen um den Sinn und das eigentliche Sprechen über das Leben.
Die Autorin schreibt angesichts der ihrer Meinung nach bestehenden starken seelischen Verbindung von Anfang an sehr persönlich und berichtet offen ihre intimste Seelenlage. Sie habe den Eindruck, nirgends daheim zu sein, kein Gefühl für Besitz und auch nicht für Pflichten zu haben. Sie gehorche eher dem Gesetz

des in verschiedenen Epochen „Durchs-Leben-Gehens“ und sehne sich nach Kloster und Denken. Sie bekennt sich damit zu einer geistigen Lebenshaltung und -einstellung, zu einem dichterischen Leben, das allerdings noch der Verwirklichung und Umsetzung bedarf. Unklar ist, ob die angehende Schriftstellerin Hesses bereits veröffentlichte Erzählung *Siddhartha* kannte[1], in dem dessen Glaubensbekenntnis beschrieben ist, das unter anderem tatsächlich auch das Bekenntnis zu einem mit Krisen verbundenen, sich in Phasen und Abschnitten vollziehenden Leben betont.
Hermann Hesse arbeitet immer noch am *Glasperlenspiel*, das in Ausschnitten schon in Fachzeitschriften abgedruckt wurde und auf das sich Luise Rinser freut. Hesses Verleger, Peter Suhrkamp, ist bereit, Rinsers erste Erzählung *Die Gläsernen Ringe* zu veröffentlichen. Im zweiten Brief an Hesse vom 4. Juli 1940 erzählt Luise Rinser von Suhrkamps Gefühl, ihr Schreibstil sei mit dem Hesses verwandt. Dieser antwortet, er freue sich auf die Veröffentlichung, und schickt der Autorin – wie des Öfteren – ein aktuelles eigenes Gedicht. Im April 1941 schenkt Luise Rinser Hesse ihr eben erschienenes Erstlingswerk. Der seit mehreren Monaten „von der Gicht lahmgelegte“ Dichter liest die „wunderbare Kindheitsgeschichte mit dankbarer Hingabe“ und begrüßt den „Ausklang des Buches und sein Bekenntnis zum Geistigen“:

> Möchten Sie an Ihrem Buch so viel Freude erleben, wie Sie mir und einigen andern guten Lesern in diesen Tagen damit gemacht haben! Ich bin durch Ihre Geschichte wie durch einen Garten gegangen, jedem Bilde dankbar, mit jedem einverstanden, und es wird nicht lange dauern, bis ich es zum zweiten mal lese. Nehmen Sie herzliche Grüße und Glückwünsche von Ihrem H. Hesse.

In den *Gläsernen Ringen* erkennt Hesse neben der dichterischen Qualität ein großes geistiges Entwicklungspotenzial. Rinsers Erzählung schließt so:

---

[1] Das ist aber anzunehmen, da sie sich zusammen mit ihrem Verlobten und späteren Ehemann Horst Günther Schnell seit Jahren mit Hesses Werken beschäftigt hatte.

> Die gläsernen Ringe eilten lautlos über das Wasser, glitten zurück, überschnitten sich und bildeten wunderbar strenge Muster. Da erkannte ich zum ersten Male, daß nicht das wirre dunkle Leiden der Kreatur, sondern das scharfe klare Gesetz des Geistes mein Leben leiten würde.[2]

Hesse war immer daran gelegen, geistige Gesetze in concreto offenzulegen und auf einfache Weise den Menschen zu zeigen, worin Stärke und Größe seines Dichtens bestehen. In Rinsers Erstlingswerk erkennt er eine Neigung zur Tiefe und den damit verbundenen Drang zur Erhellung mystischer Phänomene, der immer auch in Verbindung zum Wesen des Todes steht. Bei diesem inneren, anfänglich noch unbewussten Drang des Menschen, sich selbst zu verwandeln, geht es um die Beantwortung der Frage nach Selbsterkenntnis und Selbstfindung, die in verschiedenen Lebensphasen verlaufen. Jedes Ende einer solchen Phase ist immer mit existenzieller Angst, mit Schmerz und Leid verbunden, jeder Neubeginn und Aufgang mit einer Lebensfreude und, wie es Hesse im berühmten Gedicht „Stufen" ausdrückt, mit einem Zauber, der uns hilft zu leben. In den verschiedenen Lebensphasen begibt sich der Mensch jeweils in neue Bindungen, die ihm eine Zeit lang Sicherheit geben. Für die mystische Erfahrung ist es aber wichtig, zu erkennen, dass sich der Mensch aus diesen Bindungen – geistig – befreien könne. Gelingt es ihm nämlich, sich von der Verhaftung an die Bindung seiner Objekte und schließlich seiner Ich-Vorstellung zu lösen, beginnt er auf dem Wege der Selbsterkenntnis *wesentliche innere Erfahrungen* zu machen. Solche Erfahrungen wurden von den Mystikern kultur- und geschichtsunabhängig immer wieder beschrieben und als sogenannte mystische Phänomene artikuliert. Da sie schwer in Worte zu fassen und sprachlich sehr unterschiedlich formuliert sind, werden sie von Menschen, die diese Erfahrungen (noch) nicht gemacht haben, oft missverstanden, falsch oder unter ichhafter Perspektive uminter-

---

[2] Luise RINSER, *Die gläsernen Ringe*, Frankfurt a. M. 1994, 160.

pretiert. Im Wesentlichen geht es auf diesem geistigen Wege darum, das kleine, begrenzte, aber zunächst sehr dominante Ego, das jedem Menschen eigen ist, zu lassen, sich davon zu desidentifizieren, um sich als Mensch in den Dienst eines größeren und höheren Ganzen stellen zu können. Wenn der Wahrheitssucher den Weg ernsthaft beschreitet, geschehen ihm unterwegs mehrere *unerwartete* Transformationen, die ihn *als ganzen Menschen sich wandeln und neu werden lassen*. So öffnen sich ihm schrittweise neue Sichtweisen und Lebenseinstellungen. Für die wesentlichen inneren Transformationen ist es also nicht entscheidend, dass sich die äußere Situation des Menschen ändert, denn diese sagt noch nichts über eine innere Wandlung aus. Entscheidend ist immer die Änderung der inneren Haltung zu dieser äußeren Situation. Erst wenn es gelingt, in Lebenskrisen eine neue, vom eigenen Ich freiere Haltung zu entwickeln, verändert sich der Mensch entscheidend.

Hesses Werk ist angesichts seiner drei großen Lebenskrisen und dabei erfahrenen Transformationen durchdrungen von der Offenlegung und Explikation solcher Phänomene am Wege der Verwandlung. Dem Dichter geht es im Wesentlichen nur um eines: immer wieder auf diese seelischen Verwandlungen hinzuweisen, innere Entwicklungen aufzuzeigen und diese sprachlich stets neu zu formulieren. Dabei macht er den Versuch, das eigentlich Unformulierbare, weil unsichtbar Geistige (das mystische Phänomen), immer wieder neu zu formulieren. Er ist sich aber dieses Paradoxons bewusst. In Rinsers Erstlingswerk erkennt der 34 Jahre ältere Hesse Ähnlichkeiten zu seiner eigenen früheren Entwicklung. Insofern kann er sich an bestimmten von Luise Rinser formulierten Phänomenen nicht nur erfreuen, sondern sie existenziell nachvollziehen. In den *Gläsernen Ringen* kommt das *Phänomen der inneren Transformation* bereits ansatzweise in Form von Lebenswandlungen, aber auch durch die Beschreibung magischer Praktiken zum Vorschein. Das ist es, was der hochsensible Dichter sofort sieht, was ihn schmunzeln und weitere Entwicklungen in diese Richtung erwarten lässt. Aber noch steht bei Luise Rinser die

Beschreibung der *entscheidenden* mystischen Erlebnisse nicht im Vordergrund, zu sehr dominiert noch der natürliche Drang ichbetonten Schreibens. Noch beleuchtet sie keine inneren Transformationen. Zwar sieht sie eine Ähnlichkeit der *Gläsernen Ringe* mit Hesses *Demian* (Brief vom 23. Juni 1941); doch Hesse verarbeitet in dieser Erzählung bereits durchlittene existenzielle Krisen, die Luise Rinser in ihrem Leben noch bevorstehen werden.
Bereits im Dezember 1941 berichtet sie Hesse von ihrer ersten großen Krise nach neun schmerzvollen Monaten, in denen sie ihr zweites (uneheliches) Kind erwartete und ihre Ehe mit dem (untreuen) Musiker Horst Günther Schnell zerbrach. Ratsuchend wendet sie sich an Hesse, auf die große Erfahrung des Dichters in Sachen „Lebenskrisen“ vertrauend:

> Da sitze ich nun [...], zerquäle mir Tag und Nacht den Kopf, ob ich mich scheiden lassen soll oder nicht, und, falls ichs tu, wie ich mein Leben fristen soll. Da brauchte ich Ihren Rat, denn Sie wissen wohl auch in solchen Fragen Rat. [...] Ich war so tief verwirrt, daß ich glaubte, nicht mehr leben zu können. [...] alle Dinge und Menschen standen gegen mich. Nun aber, durch Anstrengung u. mehr noch durch Gnade bin ich soweit, daß ich wieder lebe. [...] Aber es ist entsetzlich schwer, allein zu sein. [...] Aber ich sehe schon einen Sinn darin; das Häßliche ist schon überwunden. Ich atme wieder.

Der Brief endet mit dem Hinweis auf Hesses Roman *Roßhalde*, den Luise Rinser im Alter von 21 Jahren gelesen hatte. Darin wird die Geschichte des Malers Veraguth erzählt, dessen Ehe zerbricht und dessen Sohn Pierre am Ende stirbt. Über schmerzvolle innere Sterbeprozesse und sich daraus ergebende Neugeburten entwickeln sich bei Veraguth nach und nach neue Lebenseinsichten und -einstellungen. Der Maler erfährt durch schmerzvolle Lebenseinschnitte eine seelische Neugeburt. War die Begegnung mit dem Buch *Roßhalde* für Luise Rinser ein Vorzeichen, dem sie Bedeutung zumaß? Zehn Jahre später erleidet sie eine ähnliche Krise. Wie wir oben gesehen haben, ist bei jeder Lebenskrise das Entscheidende, welcher Art die Dimension der Transformation ist, die daraus entsteht. Wurden fixierende seelische Bindungen und Verhaltensmuster gelöst? Hat sich der Mensch dadurch *innerlich* verändert? Hat er ein Stück Freiheit gewonnen? Hat er sich von einem Stück Ich-Anhaftung befreit?

Hesse, dem nach 1945 die Rolle zufiel, in Tausenden von Briefen seelisch-geistigen Rat geben zu müssen, weist Luise Rinser auf die hohe spirituelle Dimension hin, die darin liegt, die für das Ego schmerzhaften und demütigenden Seelenzustände loszulassen, sich im mutig akzeptierenden Anblick von diesen zu desidentifizieren (nicht sie zu verdrängen) und damit eine geistige Erneuerung real einzuleiten. Bei diesem Prozess erfährt das beobachtende Bewusstsein eine plötzliche Erweiterung, vernimmt plötzlich Dinge, die es vorher nicht erkannte, man könnte auch sagen eine Gnade, durch die es als erweitertes und geöffnetes Bewusstsein hervorgeht. Psychologisch kennen wir das Phänomen des Aha-Erlebnisses, das eine ähnliche Qualität besitzt. Mystiker sprechen in diesem Zusammenhang auch von „Erleuchtungserlebnissen". Der Unterschied zwischen einem Aha-Erlebnis und einer „Erleuchtung" ist ein gradueller, kein prinzipieller. Mit der plötzlichen Erweiterung des aus der Not gewendeten Bewusstseins wird dem Menschen ein Stück unbewusstes Seelenleben plötzlich klar und durchsichtig. Es wird bewusst. So erfährt der Mensch als ganzer einen Wandel. Auf einer höheren Stufe des plötzlichen Bewusstseinswandels, also auf einem höheren Grade der Bewusstwerdung, erkennt er plötzlich, dass er nicht die lebensverengende Position seiner Ego-Einstellung ist, sondern ein Stück Freiheit und selbstlose Weite. Die Erneuerung ist verbunden mit der Erfahrung, dass er mehr ist als seine bloßen psychischen Bewusstseinszustände. Mit dem Beginn einer solchen neuen Bewusstheit geht dem Menschen die eigentliche Liebe auf, die dann entsteht, wenn aus Schmerz und Kummer keine Aggressionen oder Depressionen folgen, sondern diese so genommen – eben geliebt – werden können, wie sie sind. Es scheint schwierig zu sein, auch das leidvolle Leben so zu akzeptieren, aber für den in östlichen Weisheitstraditionen bewanderten Hesse ist es die einzige Möglichkeit, Krisen positiv und sinnvoll zu bewältigen. Der Dichter schreibt am 10. Januar 1942 an Luise Rinser:

> Auf andre und vielleicht doch ähnliche Art wie Sie verstand ich von meinem Leben schön und reizvoll zu erzählen, oder darüber zu reflektieren, während doch dies Leben selbst mir eine Menge Mühe und Verdruß machte und ich es manche Zeiten hindurch jeden Tag wegzuwerfen bereit war. Unsere Erzählungen wieder ermutigen junge Menschen, die sie lesen, ihr mit ähnlichen Stacheln bestecktes Leben dennoch zu lieben und zu verteidigen, oft auch aus ihrer Schwäche eine Tugend zu machen [...]. Oft möchte man diese Zustände und Wirkungen verfluchen, oft ist einzig um ihrer Willen das Leben schön.

Bei einer der vielen dichterischen Umsetzungen dieser Bewusstseinsvorgänge lässt Hesse im Roman Roßhalde den Maler Veraguth, der ohnmächtig dem Sterben seines Sohnes entgegensehen muss, folgendes denken:

> So will ich allein mein Leid austrinken, bis der letzte bittere Tropfen erschöpft ist. So will ich sitzen und heucheln und meinen armen Kleinen sterben sehen. Und wenn ich dann noch lebe, dann ist nichts mehr, das mich bindet, und nichts, das mir weh tun kann, dann will ich gehen und will nie in meinem Leben mehr lügen, nie mehr einer Liebe glauben, nie mehr abwarten und feig sein ... Dann will ich nur noch Leben und Tat und Vorwärtsgehen kennen, keinen Frieden mehr, keine Trägheit mehr.
>
> In dunkler Wollust fühlte er das Weh in seinem Herzen brennen, wild und unerträglich, aber rein und groß, wie er noch nichts und noch nie gefühlt hatte, und vor der göttlichen Flamme sah er sein kleines, unfrohes, unaufrichtiges und mißgestaltetes Leben wertlos dahinsinken, keines Gedankens und nicht einmal eines Tadels mehr wert.
>
> So saß er noch eine Abendstunde lang im halbdunkeln Krankenzimmer bei dem Knaben, und so lag er eine brennend schlaflose Nacht, mit Inbrunst seinem fressenden Leid hingegeben, nichts hoffend und nichts begehrend, als von diesem Feuer verzehrt und reingebrannt zu werden bis in die letzte zuckende Faser. Er verstand, daß es so sein müsse, daß er das Liebste und Beste und Reinste, was er besessen, weggeben und sterben sehen müsse.[3]

---

[3] Hermann HESSE, *Gesammelte Werke. Bd. 4*, Frankfurt a. M. 1987, 149 f.

Aus dem Brief vom 10.01.1942 scheint der Hinweis wichtig, es sei nötig, aus den Schwächen Tugenden zu entwickeln, was nicht ohne ein gewisses Maß an ehrlicher Selbstbeobachtung und -erkenntnis und auch nicht ohne Anstrengung und Kampf mit sich selbst vonstatten geht. Erfahrungsgemäß lohnt es aber, in Not und Krise bestimmte Techniken dieses Aus- und Durchhaltens zu entwickeln.
Wie Kampf und Anstrengung konkret aussehen, kann der Mensch nur selbst herausfinden. Daher gibt Hesse auch Luise Rinser explizit keinen konkreten Rat bezüglich ihrer Frage, ob sie sich scheiden lassen solle, weil er sie als Mensch nur aus den Briefen kennt, und das scheint ihm zu wenig. Denn entscheidend ist, ausfindig zu machen, wo sich eigentliches, d.h. wahres Loslassen ereignen muss, um zum „lichten Prinzip" des Lebens durchbrechen zu können. Dies kann nur mit ehrlicher Selbstbetrachtung und dem Eingeständnis der eigenen Probleme und Schwächen beginnen. In folgendem Rat sind die sehr tiefen Erkenntnisse und Lebenserfahrungen des Dichters abzulesen:

> Rat kann ich Ihnen keinen geben; meiner Art nach würde ich mehr zum Loslassen als zum Festhalten raten, aber ich weiß ja nicht, was Loslassen und Festhalten bei Ihnen bedeutet; vielleicht halten und verteidigen Sie mit Ihrem tapferen Sichwehren das lichte Prinzip in sich, und Nachlassen wäre Verrat. Es tut mir weh, Sie in Bedrängnissen zu wissen, und doch finde ich diese Nöte begreiflich und beinah natürlich [...]. Ich kann Ihnen nur wünschen, es möge Ihnen, außer der Zähigkeit auch so viel Leichtsinn, so viel Sichvergessenkönnen werden, wie man in schweren Lagen nötig hat, wo einen mitten im Verzweifeln, scheinbar direkt vor dem Zusammenbrechen, irgend ein Bild, eine Blume, ein Menschenblick so treffen, entzücken, verführen und entselbsten kann, daß alle Gewichte in uns sich neu verteilen.

In Indien heißen spirituelle Lehrer „Gurus" (= „schwergewichtig"), weil ihr Wort sehr großes Gewicht hat. Hesses Worte an Rinser sind gewichtig und wegweisend, es steckt darin die ganze Tiefe der wahren seelischen Transformation. Das ist kaum zu überhören. Jakob Böhme machte die Erfahrung des Entzückens und „Entselbstens" beim Anblick eines Kruges nach durchlittener

Not und Verzweiflung. Sri Ramana Maharshi wurde mit 16 Jahren das Wunder des „Entselbstens“ offenbar, als er erleben durfte, dass er nicht der Körper und auch nicht sein kleines weltverengendes Ego ist. Sich vergessen können heißt, ein Stück verengendes Ich-Bewusstsein loszulassen und aufzugeben. Damit ist die bedingungslose Akzeptanz der Realität verbunden, so wie sie ist, ohne Wenn und Aber. Hesses Hinweis auf das Sich-vergessen-Können meint daher die scheinbar noch aktive Tätigkeit des durch- und aushaltenden Menschen, die aber schon in die Grundhaltung der Annahme des Schicksals, d.h. auf eine höhere Stufe des Bewusstseins umgeschlagen ist. Wer sich vergessen kann, dem wird die Gnade eines neuen Lebensaufgangs voll schöpferischer Energie zuteil. Hat Luise Rinser diese Weisung bewusst vernommen?

Sie antwortet 17 Tage später, dass sie, seit sie denken könne, eine besondere Lebensschwere als Grundton ihres Wesens in sich trage, sie sei empfindlich, einsiedlerisch und misstrauisch, habe aber auch Charme, Liebenswürdigkeit und eine große federnde Schwungkraft, die ihr helfe, aus den fatalsten Lagen etwas Schönes und Gutes zu machen. Sie teilt mit, ihr Mann habe sie verlassen, dieser „scharfe Schnitt“ sei aber von ihr ausgegangen. Es sei ein fürchterlich schwerer Entschluss gewesen, doch sei sie jetzt frei und es habe sich ein Tor zum Leben aufgetan. Sie habe ihren Mann „überwunden“:

> Es ist vorüber. Ich liebe ihn nicht mehr. Das ist ein schreckliches Wort. Grausam ist das Leben. – Aber es ist auch so freundlich. Seltsam: seit ich das Schwierigste so völlig überwunden habe, indem ich es willig auf mich nahm, bietet mir das Leben die schönsten Geschenke, eine innere Heiterkeit, ein schönes Gedeihen meiner beiden Kinder […]. Auch verstehe ich plötzlich Dinge, die ich vorher nicht verstand, so vieles aus dem west-östlichen Divan. Ist es denn so, daß man ‚belohnt‘ wird, wenn man ‚tapfer‘ war? Ich habe es noch nicht geglaubt, daß das Leben so gerecht ist. […] Ich bin glücklich, ja, ich bin es; es ist kaum zu glauben. Ja, man wird oft überrascht vom Leben.

Zweifellos hat hier eine Bewusstseinserweiterung stattgefunden, aber die neue Lebenssicht erscheint weiterhin aus einer gefestigten Ego-Perspektive. Wenngleich von einer neuen Heiterkeit die Rede ist, so doch noch nicht aus der Perspektive des Sich-selbst-Vergessens, sondern aus der von Belohnung nach vollbrachter Tapferkeit. Eine solche, weiterhin auf dem eigenen Ich gründende Sichtweise, die das Geschick der Ereignisse noch nicht als solches erkennt, bleibt im Kerker einer immer noch verengenden Lebensweise gefangen. Solange der Mensch denkt, dass er es ist, der handelt, ist sein Bewusstsein noch nicht entscheidend verwandelt, erst wenn ihm die Einsicht erwächst, dass er „gehandelt wird", hat eine solche wahrhaft mystische Transformation stattgefunden.

Bei Luise Rinser dreht sich das Leben zunächst weiter um sie selbst und ihr Ich. Instinktiv fühlt sie aber auch den tieferen Gehalt in Hesses Schriften und Briefen: „Sie haben für mich etwas ganz Zeitloses", schreibt sie und bewundert den Dichter bezüglich seiner Professionalität:

> Wie einfach Sie geworden sind! Ich beneide Sie darum und sehne mich danach, es zu werden. Aber ich habe noch einen weiten Weg. […] So unsäglich verwandt sind Sie mir. Auch in der Sprache. Nicht als ob ich Sie bewußt nachgeahmt hätte. Gelernt habe ich natürlich auch von Ihnen. Viel, sehr viel. Die Ähnlichkeit ist aber eine \`unterirdische'; sie liegt in dem uns gleichen Erfassen der Dinge. Wir haben scharfe Sinne wie Bauern. Und wir <u>lieben</u> die Welt.

Luise Rinser geht es nach ihrer Scheidung gut. Sie zieht ins Riesengebirge, schreibt Erzählungen, möchte eine richtige Dichterin werden, aber auch ganz Frau in all ihrer Sinnlichkeit sein. Sie bekommt vom Verleger Peter Suhrkamp so viel Geld, wie sie zum Leben braucht. Hesse teilt sie mit, dass der Unterschied zwischen ihr und Ernst Jünger im Lieben liege. Jünger liebe nicht, während sie die Welt und die Menschen immer lieben wolle. Und Hesse antwortet drei Wochen später, am 20. April 1942:

> Mit Jünger geht es mir wie Ihnen. Er gehört zu den Dichtern, die zwar die Liebe zum Geist haben, nicht aber die Liebe zur Natur und die Brüderschaft mit ihr, er teilt das mit Großen, z.B. mit Schiller, aber auch sie sind mir im Grunde unvertraut und verdächtig.

Nach der Scheidung von ihrem Mann zieht Luise Rinser im Sommer 1942 nach Kirchanschöring bei Salzburg, von wo aus sie mit Hesse bis 1947 brieflich korrespondiert. Am intensivsten ist der Kontakt wohl im Jahr 1942. Luise Rinser gesteht, dass sie bisher vieles falsch gemacht und das Gefühl habe, dass jetzt erst das Richtige komme. Das Leben formt sie und ihre Einstellung dazu.

Hesses *Glasperlenspiel* wird zu dieser Zeit gedruckt. Luise Rinser hört von Suhrkamp davon, der ihr mitteilt, dass es „ein Buch wird von der Art jener Bücher, die man wie ein Gebetbuch immer mit sich trägt, so wie etwa die Wahlverwandtschaften, den Divan und Ähnliches". Die Schriftstellerin freut sich darüber, dass Hesse dieses Werk trotz körperlicher und anderer Schwierigkeiten im Frühling 1942 nach elf Jahren beenden konnte. Hesse dämpft allerdings ihre Vorfreude und warnt, dass sie sich vom neuen Buch nicht gar so viel versprechen dürfe. Weil das *Glasperlenspiel* für die Leser ein Mysterium sei, meinten manche – wie auch Suhrkamp –, es müsse fast eine Bibel oder dergleichen sein.

Außerdem konnte Hesse den *Steppenwolf* bei einer Züricher Buchgemeinschaft neu herausbringen. Luise Rinser erhielt ihn am 11. Dezember 1942 in Kirchanschöring. Ihr Kommentar einen Tag später:

> Ein völlig ‚verrücktes' Buch, nicht wahr, eine Art Geheimbuch, das nur von ebenfalls nicht recht Normalen verstanden wird. – Die Mozart-Szene bringt mich jedes Mal wieder zum Lachen und zum Weinen zugleich. Und Brahms mag ich auch nicht.

Recht hat die Schriftstellerin darin, dass der *Steppenwolf*, wie im Übrigen die meisten von Hesses Schriften, nur von den Menschen in vollem Umfang verstanden wird, die selbst einen spirituellen Aufbruch erfahren haben. Die auf diese Weise „nicht recht Normalen" entdecken sich, ähnlich wie ein Psychotiker, der diese Erfahrungen allerdings nicht meistern kann und auf fremde Hilfe angewiesen ist, nach Not, Krise und Wende in einer paradoxen

Identität völlig neu. Sie werden vom Leben auf den Weg des Unterwegs geschickt und können von da aus nicht mehr zurück. Der Wendepunkt in Hesses Leben war die große Krise von 1915 bis 1919; aus der damals erlittenen Depression fand er mit eigener Kraft und mithilfe der Psychoanalyse von C.G. Jung 1921 zum Durchbruch des Unterwegs. Die ersten Schriften in und nach dieser Zeit sind *Siddhartha*, *Klingsors letzter Sommer*, *Demian* und *Klein und Wagner*, die alle eine neue spirituelle Dimension zeigen. Auch der *Steppenwolf*, *Narziß und Goldmund* und schließlich die *Morgenlandfahrt* sprechen aus der Perspektive des verwandelten Menschen, der die Erfahrungen seines Unterwegs offen legt. Das Meisterwerk *Das Glasperlenspiel* ist schließlich durch und durch ein spiritueller Entwicklungsroman.

Luise Rinser geht es gut, sie ist glücklich in ihrem „Waldhaus", wie sie ihr gemietetes Häuschen in Kirchanschöring nennt. Das Leben habe ihr alles genommen, was sie liebte, den Mann, das Heim, die Ruhe – und ihr nun alles wieder zurückgegeben, doch anders, als sie es begehrt und erhofft hatte. Viel Geld erhält sie für zwei Aufträge der UFA (ein Filmdrehbuch und eine andere, wie sie sagt, noch geheime Arbeit). Sie freut sich über ihren „Wohlstand" und teilt Hesse mit, dass sie, sobald sie könne, sich ein eigenes Haus kaufen oder bauen werde. Für den Atlantis-Verlag wird sie ein Deutschlandbuch für Kinder schreiben. Außerdem liegt ihr drittes Buch bereits in Gedanken bereit. Nur Peter Suhrkamp betrachtet Rinsers Entwicklung in Anbetracht ihrer vielen neuen Tätigkeiten besorgt:

> Herr Suhrkamp, der immer Besorgte (er schüttelt dauernd nur den Kopf über mich) siehts mit Kummer; er sieht mich schon für die wahre Dichtung verloren. Doch ich weiß es besser.

Luise Rinser weiß, dass sie bestimmte Lebenserfahrungen machen muss, und vertraut auf eine innere Führung. Dazu ist auf ihrem Weg eine gewisse „Dickköpfigkeit" notwendig, ein Sich-Wehren gegen Vorurteile und besserwisserische Ansichten von außen. Und Hesse schweigt dazu. Er weiß um die Notwendigkeit innerer Entwicklungen, bei denen der Mensch sich seinen Weg selbst suchen muss, um in die Krise geraten, Verzweiflung erleben und aus der Verzweiflung wie ein Phönix aus der Asche steigen zu können. Er selbst hat diesen Weg beschritten, er selbst war, nach Auskunft seiner Mutter, ein schwieriges, störrisches und schwer erziehbares Kind, und er selbst weiß nur zu genau, dass die „Dummheiten", die man selbst begangen hat, auch bei anderen Menschen nicht zu verhindern sind. Er weiß, dass sich dahinter die unabdingbaren Erfahrungen verbergen, die zur Transformation nötig sind und so zum Leben gehören. Entscheidend ist die Erkenntnis, wo diese Erfahrungen beim Einzelnen konkret liegen, d.h., welche Erfahrungen er machen muss, um Zusammenbruch und Neugeburt erleben zu können. Diese liebende Sichtweise ergibt sich aus dem bereits erfahrenen Unterwegs und verdeutlicht das, was wir unter dem Begriff Weisheit verstehen.

Im Juni 1943 schreibt Luise Rinser zwei Briefe an Hesse und teilt ihm mit, dass sie zum zweiten Mal heiraten werde. Sie sei jetzt weniger voll von „blinder toller Verliebtheit", schreibe an einem neuen Roman und entdecke, dass es nicht darauf ankomme, schön zu schreiben, sondern ganz schlicht, und dass es nicht nötig sei, sich selbst zu kommentieren, sondern dass man den Leser auch ab und zu ruhig außer Atem bringen dürfe. Sie habe plötzlich ein anderes Verständnis für die Menschen; lerne sie sachlicher betrachten, ohne sie sofort zu bewerten oder zu kritisieren, und sie berichtet von ihrer schriftstellerischen Arbeit:

> Romanschreiben ist sehr langwierig. Ich wundere mich, woher man die Langmut dazu nimmt. Im übrigen lerne ich allmählich wirklich schreiben. Ich verbiete mir jeden Satz, der ‚bloß klingt'. (In den ‚Gläsernen Ringen' stehen noch viele solche Sätze.) Ich arbeite diesmal richtig. Auf Stunden oder Minuten der Eingebung folgen Tage der mühseligsten Arbeit […].

Sie schickt Hesse ihr zweites „Büchlein"[4] mit dem Hinweis, dass der Schluss „sauschlecht" sei, und Hesse bestätigt ehrlich:

> Der Anfang […] ist ausgezeichnet, das könnte bei Green stehen. Aber die Liebesgeschichte und die Seelengeschichte des Majors schwimmt im Unklaren und wird nicht wahr.

Im Dezember 1943 bekommt Luise Rinser von Hesse ein Exemplar des *Glasperlenspiels*, das „unterm Christbaum" liegen wird. Sie teilt Hesse mit, dass auch ihr neuer Roman[5] fertig sei und an Suhrkamp geht. Die Dichterin werde am 10. Januar 1944 im Salzburger Dom den Journalisten und Schriftsteller Klaus Herrmann heiraten. Ihr zukünftiger Mann habe kürzlich den *Steppenwolf* entdeckt und mit Begeisterung gelesen. Hesse antwortet, er habe seit fast zwei Jahren – „nach dem Fertigwerden des *Josef Knecht*" – keine Zeile mehr geschrieben. Dafür komme ihm aber „eine gewisse Gleichgültigkeit und Wurstigkeit zu Hilfe, eine Gabe der Senilität, die nicht zu unterschätzen ist".
Luise Rinser resümiert am 8. Juni 1944 nach der Lektüre des *Glasperlenspiels*:

> Es ist ein schwieriges und wundervolles Buch. Schwierig nur, weil wir solche Bücher nicht mehr gewöhnt sind, nicht mehr erwarten. – Ich habe selten so das Gefühl gehabt – wie soll ich das genau sagen – das Gefühl von künstlerischer Reinheit. – Und dann kommt die Frage: Gehört ein Buch von solcher Art und solchem Rang einer vergangenen Welt an? Wird es einbezogen werden können in das, was nun kommen wird? – Für Sie ist diese Frage nicht mehr wichtig. Aber für uns.

Hesse schickt Rinser als Antwort das einzige Gedicht,[6] das er seit zwei Jahren geschrieben hat, und erwidert betrübt:

> Ihre Vermutungen, ob das Buch einer vergangenen Welt angehöre, also keinen Sinn mehr habe, kann ich verstehen. Die Druckerlaubnis in Berlin

---

4 Worum es sich hierbei handelt, konnte nicht eindeutig geklärt werden. Wahrscheinlich ist die bisher unveröffentlichte Erzählung *Der Major und Madeleine* gemeint.

5 Es könnte sich um den Roman *Hochebene* handeln, der Ende 1944 in der Kölnischen Zeitung vor-abgedruckt und erst 1948 als Buch veröffentlicht wurde, allerdings nicht bei Suhrkamp, sondern im Harriet Schleber Verlag Kassel.

6 Es handelt sich um *Leb wohl, Frau Welt.* (Siehe Anm. 9.)

> wenigstens hat es ja nicht bekommen, und wenn ich es mit den Sachen vergleiche, die mir der Verlag Suhrkamp je und je schickt, welche also jene Erlaubnis erhalten, dann finde ich auch, sie seien aus einer anderen Zeit und Welt als ich und gehen mich gar nichts an.

Von dem Gedicht schwärmt Luise Rinser geradezu:

> Es ist so schön, ich werde nicht müde es immer wieder zu lesen und für alle meine Freunde abzuschreiben. Es hat etwas Magisches für mich wie alles Vollkommene. Damit haben Sie ganz sicher jene Stufe erreicht, nach der wir uns alle sehnen: die letzte Einfachheit. [...] Man könnte Sie beneiden (nicht nur um das Gedicht) sondern darum, daß Sie schon ‚jenseits' zu leben vermögen. Wir sind noch hier. Wir sind mitten drin. Aber ich bin – trotz allem Schrecken – gerne mitten drin.

Und über die aktuelle Literatur beklagt sich die Dichterin:

> Unsere Kraft ist noch nicht verbraucht – trotz der Bücher, die unser guter Suhrkamp herausbringt. Ach ja – entre nous – die gehen uns nichts mehr an. Was für Zeug. Reaktionär bis dorthinaus. Und die größten Plattheiten, die stickigsten Bürgerlichkeiten gehen einher in Goetheschen Prunkgewändern. Es ist nicht zum Aushalten. Lesen Sie das denn alles?

Fast zwei Jahre vergehen bis zum nächsten (dokumentierten) Brief Rinsers an Hesse am 3. April 1946. Der Krieg ist zu Ende. Eine Art Wendezeit stellt sich ein, auch was das Verhältnis Rinsers zu Hesse angeht. Die Verehrung für den Dichter bleibt zeitlebens, aber Luise Rinser entwickelt ihre Persönlichkeit weiter, reift und ist im äußeren Leben sehr aktiv. Der öffentlichkeitsscheue Hesse wünscht sich in seiner letzten Lebensphase dagegen mehr Zurückgezogenheit. An Diskussionen, bei denen nur Meinungen ausgetauscht werden, ist er nicht mehr interessiert. Sein literarisches Werk ist, obwohl er es bald als vernichtet empfinden wird, im Grunde vollbracht und veröffentlicht, an neuen Publikationen liegt ihm nichts mehr. Die Hauptarbeit seiner letzten Lebensjahre liegt im Lesen und Beantworten von Briefen. Anders bei Luise Rinser, deren aktive literarische Phase erst richtig beginnt, was bald zu Differenzen führen wird.

Ihr Gefängnistagebuch erscheint in diesen Tagen. Hesse teilt sie mit, sie habe nachträglich erfahren, wahrscheinlich zum Tod verurteilt gewesen zu sein, und rückt sich dadurch in ein der Wahrheit nicht ganz entsprechendes Licht, weil sie damit den Anschein erweckt, „während der Jahre der Hitlerzeit Widerstand geleistet und im Gefängnis dafür gebüßt zu haben“, was ihr der Dichter als Empfehlung für einen Erholungsaufenthalt in der Schweiz schriftlich attestiert.[7] Persönlich gehe es ihr nicht schlecht, ihre Bücher werden gedruckt, sie sei froh, nicht mehr von der Gestapo belauert zu werden, und betont, aus ihrem Gefängnisaufenthalt viel gelernt zu haben. Die Dichterin erhält von Hesse einen Brief mit Gedichten. Am 25. Mai 1946 schreibt sie daraufhin den längsten uns vorliegenden Brief, der auch das Thema Tod und Wandlung anspricht. Sie betont, Hesses Gedichte seien

> erschütternd schön. Eine sehr dunkle Musik. Aber eine vollkommen schöne Musik. Ich bin nicht sentimental, aber über ihre Gedichte weinte ich (das tat ich lange nicht mehr […]).

Es ist bekannt, dass Hesses literarische Inhalte die Seele der Menschen direkt ansprechen und Luise Rinsers Reaktion durchaus kein Einzelfall geblieben ist. Diese Fähigkeit Hesses macht einen wesentlichen Teil seines literarischen Erfolgs aus. Seine Werke zählen zu den meist gelesenen auf der Welt. Das hängt wohl damit zusammen, dass Hesse allgemeinmenschliche seelische Mechanismen erkennt und beschreibt. Diese seelisch-geistigen Vorgänge,

---

[7] Vgl. dazu José SÁNCHEZ DE MURILLO, *Luise Rinser. Ein Leben in Widersprüchen*, Frankfurt a. M. 2011, 199–214. Aus diesen gründlichen Recherchen geht hervor, dass Luise Rinser nicht wegen „Hochverrats“, sondern wegen Wehrkraftzersetzung angeklagt war. Auch Hermann Hesse verschwieg sie das Entscheidende, nämlich ihre Freundschaft zu Professor Karl Ritter, einem Filmregisseur der UFA, und die besondere Hochschätzung durch Goebbels. Der Grund ihrer problemlosen Befreiung aus der Haft lag auf der Hand: „ihre Mitarbeit an verschiedenen Projekten, darunter insbesondere einem Propaganda-Film der UFA, die wiederum wegen Rinsers Profilierung als Leiterin eines Lagers für HJ-Gruppenführerinnen und die dadurch gezeigte Loyalität zum Führer möglich war. Es ist dadurch selbstverständlich, dass Goebbels der geschätzten Autorin Glauben schenkt und die Denunziation für einen Irrtum hält“ (ebd., 206). – Vgl. auch unten S. 13.

die auch mit C.G. Jungs Archetypen korrelieren, sind zeitunabhängige Themen, mit denen viele Menschen erfahrend konfrontiert werden, aber wenige Menschen bewusst erleben. Werden sie bewusst erlebt, können sie den Menschen verändern und dadurch zur Selbsterkenntnis bringen. Es geht hier um innere Reaktionsschemata, mit denen sich der Mensch auseinanderzusetzen hat. In der christlichen Religion wurden solche Mechanismen problematischer Art als Todsünden (Neid, Gier, Hass, Zorn, Wollust, Maßlosigkeit, Trägheit), also als etwas sehr Negatives beschrieben und gebrandmarkt. Man durfte sie nicht tun, die Analyse ihrer Inhalte wurde mehr oder weniger verdrängt. Da die Phänomene im Menschen aber historisch unabhängig existent sind, muss die Frage gestellt werden: Wie geht man damit um, wenn entsprechende Dispositionen im Individuum, z. B. zum Zorn, vorliegen? Das einst strenge theologische Verbot wandelte sich historisch in psychologische Analysen und Behandlungsanweisungen, die vorschlagen: Reagiere nicht sofort auf etwas, das dir zuwider ist, sondern warte ab! So wirst du allmählich deinen Zorn in Güte verwandeln können. Dies setzt allerdings voraus, dass ich in einer bestimmten Situation bei mir erkenne, wenn ich mit Wut und Zorn auf einen bestimmten Reiz reagiere. Gelingt es mir beim nächsten Mal, auf meine innere Aggression nicht sofort zu reagieren, sie möglicherweise beim Zusehen loszulassen, d.h. mich nicht mit ihr zu identifizieren, sondern diese Reiz-Spannung beobachtend auszuhalten, kommt es zu einem ersten Schritt der seelisch-geistigen Veränderung. Die dabei entstehende spirituelle Transformation ist, dass der Mensch hier opferbringend etwas aufgibt. Diese Aufgabe von etwas, woran er vorher gehangen hat, bringt ihm eine Lösung. Aus dem Phänomen des Hängens (an etwas) entsteht die Erfahrung des Sich-Lösens. Bei wiederholter Übung dieser geistigen Arbeit verändert sich der Mensch langsam, aber kontinuierlich. Es kann aber auch sein, dass es zu einem

plötzlich Bruch des Hängens kommt, den der Mensch in diesem Moment des unsäglichen Leids segnen und akzeptieren kann.
Hesse zeigt in seinen Schriften sehr konkret und subtil die Entwicklung solcher Phänomene sowie ihr Eingekleidetsein in den verschiedenen Lebenssituationen. Wesentlich ist, dass diese Phänomene in uns allen *zumeist unbewusst entstehen und zunächst unerkannt vorhanden sind.* Die Leistung der „großen" Dichter ist es, diese Phänomene sehr *bewusst* zu beobachten, an ihnen zu leiden und in ihrer weiteren Veränderung zu *erkennen.* Da diese Beobachtung immer nur sie selbst betrifft, sprechen wir von Selbsterkenntnis. Während einer leidvollen Beobachtung ist beim Dichter daher der Subjektpol seines Bewusstseins nie ganz mit dem Gegenstandspol seiner Leiderfahrung identifiziert, sonst könnte er in der Phänomensituation nicht bewusst beobachten, sondern würde nur leiden. Die meisten Menschen leiden jedoch zunächst ausschließlich, weil sie dieses differente Bewusstsein noch nicht besitzen. Erst, wenn ein bewusster Sprung im Bewusstsein erfolgt, ein *seelisches* Aha-Erlebnis, ein spiritueller Aufgang oder ein „Erleuchtungserlebnis", das das Bewusstsein dauerhaft transformiert, erfolgt eine entscheidende existentielle Änderung des ganzen Menschen. Durch die Erfahrung solcher Phänomene verändert sich die Einstellung des Menschen zu seinem Ich. Der Mensch gewinnt sozusagen mit dem Befreiungssprung ins kosmische Ganze Abstand zu seinem kleinen, bewusstseinsverengenden Ich. Er ist in der Lage, sich nun selbst nicht mehr ganz so wichtig zu nehmen. Zwischen dem Gegenstandspol des Erlebten und der Beobachtung des Erlebenden ist im Bewusstsein des Dichters eine Differenz entstanden, durch die ihm emotional Erlebtes abständig bewusst wird. Diese Art der Phänomenologie betrieb Hesse mit Akribie. Sie lotet die Tiefe der seelischen, spirituellen und mystischen Erlebnisse aus und spricht mit der Sprache des Herzens. Insofern können wir Hesse auch als Tiefenphänomenologen bezeichnen.

Ein einfaches Beispiel dazu sei an der folgenden Passage aus Roßhalde verdeutlicht, in der der Maler Johann Veraguth nach dem Opfer der Hingabe Pierres (siehe Zitat Anmerkung 3) Folgendes in sich beobachtet, nachdem er von Freund Burckhardt auf diese notwendige Lebensveränderung hingewiesen wurde:

> So stand er lange mit zuckendem Gesicht, und wenn es glühender Schmerz war, was er in sich fühlte, so war es doch Leben und Licht, war es doch Klarheit und Zukunft. Das war es, was Otto Burckhardt von ihm gewollt hatte. Das war die Stunde, auf die der Freund gewartet hatte. Das war der Schnitt in alte, lang geschonte Geschwüre, von dem er gesprochen hatte. Der Schnitt tat weh, er tat bitter weh, aber mit den preisgegebenen Lieblingswünschen starb auch Unrast und Uneinigkeit, Zwiespalt und Lähmung der Seele dahin. Es war Tag um ihn geworden, grausam heller schöner, lichter Tag.[8]

Die innere Tiefe dieser seelischen Vorgänge kann Luise Rinser in Hesses Prosa und Lyrik intuitiv erspüren. Deshalb urteilt sie über die Lyrik treffend mit „erschütternd schön".

Direkt im Anschluss folgt die Thematisierung des Todesthemas:

> Ihre Hinneigung zum Tod ist mir so vertraut. Ich lebe mitten im Leben und bin eigentlich glücklich, aber der Gedanke an den Tod ist immer in mir. Nicht als angstvolle Hemmung, sondern als Begleitmusik, die zum Leben gehört und ohne die das Leben nicht voll wäre. Schon als Kind träumte ich oft vom Sterben, später auch wieder. Ich weiß, wie der sehr schmerzhafte Augenblick der Erlösung ist, und ich weiß, wie der erste Augenblick der Befreitheit ist. Ich freue mich darauf und kann nicht begreifen, dass jemand Angst hat davor und dass viele Leute den Tod einfach ignorieren während des Lebens. Sie berauben sich eines wichtigen Antriebs, eines wunderbaren Bereichs des Lebens. Für mich wird der Tod noch kein Auslöschen sein. So weit werde ich nicht gelangen in diesem Leben. Aber er wird eine sehr große Wandlung sein. Ich bin vom Leben schon so oft gezwungen worden mich zu wandeln […] und jede Wandlung tat sehr weh. Wie sträubte ich mich damals, als ich von meinem ersten Mann mich trennen sollte, erinnern Sie sich? Ich kam hilfesuchend wie ein Kind zu Ihnen. Und eine wie große Wandlung bedeutete meine Gefängniszeit. Es war nicht einfach für mich, Abschied zu

---

[8] Hermann HESSE, *Gesammelte Werke. Bd. 4*, Frankfurt a. M. 1987, 125

> nehmen von den bürgerlichen Illusionen und den Sprung ins nackte, oft häßliche Leben zu tun. Ich sträubte mich. Aber es half nichts. Und wie nötig waren diese Wandlungen! Wie nötig war meine Umstellung auf das einfache Leben, auf das verfolgte, stets bedrohte Dasein. Ich fühle mich so leicht, seitdem das überflüssige Gepäck von mir abfiel. [...] Und so werde ich, hoffe ich, einst bei der Bedürfnislosigkeit angelangt sein, die mir den Schritt über die Schwelle leicht machen wird.

> Sie lieber Herr Hesse, hatten auch schon eine glücklichere Beziehung zum Tod. Sie betrachten ihn jetzt als Erlösung, so scheint es. Sie leiden so sehr an diesem Leben. Es ist Ihnen ja auch kein privates Leid erspart geblieben, glaube ich, und kein Leid vor allem, das aus Ihrer so lebendigen Teilnahme am Leben der andern, am Leben der Welt und des Geistes entspringt. [...] ich kenne niemand, der so menschlich ist wie Sie. Ihre Menschlichkeit war mir in persönlichen und politischen Schwierigkeiten der letzten Jahre ein großer lebendiger Ansporn und eine Richtschnur. Sie haben viel dazu beigetragen, daß das alles erträglich wurde und daß ich nicht abwich vom Weg.

Dass sie den Gedanken an den Tod schon immer in sich getragen und vom Sterben geträumt habe, wird schon in den *Gläsernen Ringen* deutlich, wo an mehreren Stellen von Tod und Sterben erzählt wird. Luise Rinser hat jetzt, nach der Trennung von ihrem ersten Mann, weiter und tiefer gehende Todeserfahrungen gemacht, sie erfährt Verlust und Alleinsein sehr schmerzhaft, das Phänomen des Todes erlebt sie als wehtuende und zugleich reinigende Wandlung. Sie erkennt das Leben als eine Entwicklungsschule, die öfters zum Wandel zwingt, zum Abschied von zu engen Lebenseinstellungen und Vorurteilen und zur Öffnung in neue Möglichkeiten. Notwendig dazu ist, wie sie sagt, zunächst ein Sprung ins nackte hässliche Leben gewesen, aus dem sich radikal neue Perspektiven erst entwickeln können. Entscheidend für diese Neugeburt war sicherlich auch der erniedrigende Gefängnisaufenthalt, den sie allerdings sowohl dem literarischen Publikum als auch Hesse gegenüber geschickt für sich auszunutzen versteht. Dennoch sieht sich die Dichterin jetzt kritischer und erahnt die Begrenztheit der eigenen Möglichkeiten im Lichte östlicher Philosophien: sie muss erkennen, dass sie im aktuellen Leben wahrscheinlich nicht zu höchster bedürfnisloser Vollendung gelangen kann. Aber sie beobachtet nun den eigenen Weg dorthin realistischer. Wichtig ist ihr der Geist. Sie erkennt, dass Einsichten mit schmerzhaften und anstrengenden Wandlungen verbunden sind und dass der Mensch oft zu träge ist, um diese Anstrengungen auf sich zu nehmen. Luise Rinser erkennt sich den Menschen zugehörig, die an die Macht des Geistes glauben, will der Welt zum Frieden verhelfen und weiß nun, dass dieses Ziel nur über einen langen und harten Weg erreichbar ist.

2. Phase: 1946–1951

Am Ende ihres langen Schreibens bittet sie in einer Randbemerkung darum, Hesses vorausgehenden Brief einer deutschen Zeitung übergeben zu dürfen. Dieses Dokument Hesses mit dem Titel „Ein Brief nach Deutschland“ umfasst acht Seiten und ist in den Gesammelten Werken vollständig abgedruckt.[9] Hesse klagt darin über die Unfähigkeit vieler Deutscher, aus der Leidenszeit des Dritten Reichs wirklich gelernt und als Konsequenz daraus endlich das Denken begonnen zu haben. Viele hielten nach dem Kriege ihr Fähnchen weiter im Winde, während der Dichter darauf aufmerksam macht, was Romain Rolland, Stefan Zweig, Frans Masereel, Annette Kolb und er selbst

> in jenen Jahren durchzukämpfen und zu erleiden hatten. […] Man fraternisierte allgemein, etwas spät aber herzlich, mit uns Kriegsgegnern, Gandhi und Rolland wurden beinahe wie Heilige verehrt. ‚Nie wieder Krieg!‘ hieß das Schlagwort. Aber einige Jahre später konnte Hitler schon seinen Münchner Putsch wagen. So nehme ich denn die heutige Einmütigkeit im Verdammen Hitlers nicht allzu ernst und sehe in ihr nicht die mindeste Gewähr für eine politische Sinnesänderung, oder auch nur für eine politische Erkenntnis und Erfahrung.

---

[9] Hermann HESSE, *Gesammelte Werke*, Band 10, Frankfurt a. M. 1987, 548–556.

Der für die seelisch-geistige Entwicklung entscheidende Hinweis folgt direkt im Anschluss:

> Ernst, sehr ernst aber nehme ich die Sinnesänderung, die Läuterung und Reife jener einzelnen, denen in der ungeheuren Not, in dem glühenden Martyrium dieser Jahre sich der Weg nach Innen, der Weg ins Herz der Welt, der Blick in die zeitlose Wirklichkeit des Lebens geöffnet hat. Diese Erwachten haben das große Geheimnis ganz ähnlich gespürt und erlebt und erlitten, wie ich es einst in den bitteren Jahren nach 1914 erlebt habe, nur geschah es unter viel größerem Druck, unter härteren Leiden und ohne Zweifel sind Unzählige auf dem Weg zu diesem Erlebnis und Erwachen zusammengebrochen und erlegen, ehe sie die Reife erreichen konnten.

Hesse stößt Luise Rinser auf etwas Wichtiges: auf ein seelisch-geistiges Erwachen nach harten Leiden, das den Menschen zur Sinnesänderung und Ganzheit bringen kann, zum Entzünden eines, wie es Plato im siebten Brief[10] sagt, Seelenfunkens, der von da an auch in Zeiten des Kummers weiter brennt:

> Ihre Frage nach meinem Ergehen ist rasch beantwortet. Ich bin alt und müde geworden, und die Zerstörung meines Werkes, begonnen durch Hitlers Ministerien und restlos vollendet durch die amerikanischen Bomben, hat meinen letzten Jahren den Grundton von Enttäuschung und Kummer gegeben. Daß über diesem Grundton dennoch manche kleine Melodie noch möglich ist, und ich zu manchen Stunden auch jetzt noch im Zeitlosen zu leben vermag, ist mein Trost. [...] Aber diese Übel haben schließlich auch ihre gute Seite: man nimmt nicht alles mehr so deutlich und heftig auf [...]

---

[10] Die Stelle lautet: „Wohl aber kenne ich einige andere, die eben über diese Gegenstände geschrieben haben, die nicht einmal zur Kenntnis ihrer selbst gelangten. Soviel kann ich aber über alle, welche geschrieben haben und noch schreiben werden, indem sie das zu wissen behaupten, worauf mein Bestreben gerichtet ist, ob nun, als haben sie es von mir oder von anderen gehört, oder auch selbst ausgesonnen, sagen, daß sie meiner Meinung nach nichts von der Sache verstehen. Von mir selbst wenigstens gibt es keine Schrift über diese Gegenstände, noch dürfte eine erscheinen; läßt es sich doch in keiner Weise, wie andere Kenntnisse, in Worte fassen, sondern indem es, vermöge der langen Beschäftigung mit dem Gegenstande und dem Sichhineinleben, wie ein durch einen abspringenden Feuerfunken plötzlich entzündetes Licht in der Seele sich erzeugt und dann durch sich selbst Nahrung erhält. Soviel wenigstens weiß ich, daß ich, wenn ich es ausspräche oder niederschreibe, auf das sorgfältigste es tun und es mir gewiß vor allen andern leid sein würde, wäre es schlecht abgefaßt." (341b-d)

> und ein Teil des Wesens, das einst Ich hieß, ist schon dort, wo bald das Ganze sein wird.

Am 16. Juni 1946 schickt Luise Rinser Hesse einen Geburtstagsgruß, entschuldigt sich dafür, ihm, weil sie „hoffnungslos episch sei“, kein Gedicht überreichen zu können, und wünscht ihm, wieder daran glauben zu können, dass es doch „noch einige vernünftige Deutsche gibt und daß die Vernünftigen aller Länder sich befreunden werden“.

Hesse antwortet auf den Gruß nur kurz mit einer Drucksache und dem Verweis, erst später wieder schreiben zu können. Am 7. September 1946 reagiert er auf Rinsers Veröffentlichungsbitte:

> Die Neue Zeitung brachte, ungefragt und unerlaubt wie alle deutschen Blätter das ja jetzt tun, im August meinen ‚Brief nach D.‘, der ursprünglich an Sie gerichtet, und keineswegs zur Publikation bestimmt war. Es kam ein Dutzend schöner, mehr oder weniger zustimmender und dankbarer Leserbriefe, und ein ganzer Berg von zum Teil unflätigen Haßbriefen.

Sehr offen berichtet er über seinen momentan prekären Lebenszustand:

> Mein Leben ist ein Trümmerhaufen, ich begreife nicht, warum ich es noch ertrage. Mein Werk ist zerstört, sein Wiederaufbau meiner Teilnahme und Mitarbeit entzogen. Suhrkamp schweigt Monat um Monat, auf Geld und Brot aus meinem Werk ist nie mehr zu hoffen, solang ich lebe, denn die paar in der Schweiz verkauften Bücher bringen natürlich nichts ein. Ich brauche nicht zu hungern, nicht einmal zu knausern, aber das ist es nicht, was ich meine, was mir fehlt ist mein Recht und meine natürliche Lebensluft, wozu u.a. die Möglichkeit gehört, meine Bücher zu verschenken, was ja auch seit Jahren nicht mehr geht.

Am 2. Oktober 1946 schickt er der „ihrer Begabung und ihres sehr schönen ersten Romans wegen“ hoch geschätzten Dichterin eine sehr wohlwollende Empfehlung zur Erholung in der Schweiz, damit sie einen Reisepass erhalten konnte.

Luise Rinser zeigt sich über Hesses Brief „doch ein wenig bestürzt“, speziell über die Müdigkeit des Dichters. Sie selbst hat vor der Internationalen Frauenliga eine Rede gehalten über das Thema „Heimatliebe, Vaterlandsliebe, Nationalsozialismus, Weltbürgertum“[11], wünschte sich Kritik, bekam aber nur Zustimmung, weshalb sie sich unverstanden fühlt und sich für das deutsche Publikum schämt. Das Volk sei „müde, dumm, unpolitisch, ungeistig geworden“. Dennoch will sie gegen den Glauben an einen neuen Krieg, gegen übertriebenen Patriotismus, für ein neues Europa kämpfen. Sie liest volkswirtschaftliche und politische Bücher, schreibt für die „Neue Zeitung“ pädagogische Aufsätze (u.a. über Strafe und Prügelstrafe) und arbeitet an einer neuen Erzählung. So ist ihr Leben recht ausgefüllt. Nach wie vor bekundet sie ihren starken Wunsch, Hesse in der Schweiz zu besuchen.

Am 4. Januar 1947 schreibt Luise Rinser, sie habe mit einem Aufsatz über Hesse für eine kleine Frauenzeitschrift begonnen und dabei wieder einige Bücher und Gedichte von ihm gelesen. Das Gedicht „Leb wohl, Frau Welt“ sei eines der schönsten Gedichte der Welt überhaupt.[12] Sie erkennt jetzt, dass das Werk doch durchaus zeitgemäß und lebendig ist.[13]

Doch hier gibt es ein großes Problem: Luise Rinser hat in ihrem Aufsatz das genannte Gedicht abdrucken lassen, ohne seinen Autor um Genehmigung zu bitten. Dies tut sie erst nachträglich am 13. März 1947.

In diesem Brief schreibt sie zunächst über ihre eigene Arbeit:

---

11 Abgedruckt unter dem Titel „*An den Frieden glauben*“ in dem gleichnamigen Sammelband, Hg. Hans-Rüdiger Schwab, Frankfurt/M. 1990, 187–198.

12 Hermann HESSE, *Gedichte*, Zweiter Band, Frankfurt a. M. 1977, 687. Das Gedicht lautet: „Es liegt die Welt in Scherben, / Einst liebten wir sie sehr, / Nun hat für uns das Sterben / Nicht viele Schrecken mehr. // Man soll die Welt nicht schmähen, / Sie ist so bunt und wild, / Uralte Zauber wehen / Noch immer um ihr Bild. // Wir wollen dankbar scheiden / Aus ihrem großen Spiel; / Sie gab uns Lust und Leiden, / Sie gab uns Liebe viel, // Leb wohl Frau Welt, und schmücke / Dich wieder jung und glatt, / Wir sind von deinem Glücke / Und deinem Jammer satt.“

13 Vgl. Brief vom 8. Juni 1944.

Sie sei bei einem Roman[14] auf halbem Wege stehen geblieben, stecke in einer Krise und leide deshalb phasenweise an Depressionen. Nebenher arbeite sie an einer Auswahl aus Pestalozzis Werken[15] mit einer ausführlichen Einleitung. Die Dichterin mag den Stil ihrer Zeit nicht mehr, alles sei zur Form erstarrt. Sie sei außerdem ohne Vorbilder und „plötzlich ganz allein und auf der Suche nach dem Unnennbar-Neuen, nach der größten Einfachheit".

Im selben Brief schickt sie dem Dichter zum einen den Text jener oben erwähnten Rede vor der Internationalen Frauenliga, außerdem den Text eines öffentlichen Briefes an Max Picard zu seinem Buch „Hitler in uns selbst?".[16]

Sozusagen ganz nebenbei berichtet sie Hesse dann von jenem Aufsatz im „Regenbogen" und ihr inkorrektes Verhalten:

> Ich schrieb für eine Zeitschrift (‚Regenbogen' – eine kl. Frauenzeitschrift) auf vieles Drängen einen Aufsatz über Sie und da wollte ich gern Ihr Gedicht ‚Leb wohl Frau Welt' einfügen. Nun wird Ihre Erlaubnis dazu zu spät kommen, denn der Aufsatz soll früher erscheinen als geplant war. Nun stehe ich da – ich muß dieses herrliche Gedicht bringen, das uns alle so sehr erschüttert. Aber es geht gegen Ordnung und Gesetz. Darf ich trotzdem? Bitte verzeihen Sie mir diesen Verstoß. Es geht mir ja nur darum, den Lesern ein eindringliches Bild von Ihnen zu geben. […] Mir ist ein wenig bange vor Ihrem Erstaunen, daß ich so etwas Unkorrektes tue. Aber Sie werden mir nicht böse sein, dazu liebe ich Sie zu sehr. Das ist nicht logisch, aber irgendwie vollkommen richtig.[17]

---

[14] Vermutlich *Die Stärkeren*, 1948 erschienen im Harriet Schleber Verlag, Kassel.

[15] *Pestalozzi. Eine Auswahl für die Gegenwart.* Stuttgart 1948. Die Einleitung wurde bereits 1947 gesondert veröffentlicht unter dem Titel *Pestalozzi und wir.*

[16] Später als Vortrag gehalten vor dem Süddeutschen Frauenring in Karlsruhe, dann im Umschulungslager der SS in Ludwigsburg. Abgedruckt unter dem Titel „Hitler in uns selbst? Versuch einer psychologischen Analyse des Menschen der Gegenwart" in *An den Frieden glauben*, Frankfurt/M. 1990, 209–239. Vgl. Anm. 11.

[17] Vgl. dazu José SÁNCHEZ DE MURILLO, a.a.O., 236–238.

Da sie Hesse zudem um die Vermittlung ihrer Aufsätze bittet, damit sie in der Schweiz veröffentlicht würden, antwortet dieser am 25. März 1947 ziemlich verärgert:

> Ihr Brief […] hat mir […] keine Freude gemacht. Jeder deutsche Journalist, der etwas geschrieben hat, was er in der Schweiz publizieren möchte, ist so phantasievoll mich als Laufburschen zu benutzen, weil ich im Ruf der Gutmütigkeit stehe. Und jeden Tag bringen deutsche Zeitungen, Zeitschriften, Rundfunke etc irgendwelche gestohlenen Texte von mir, ohne vorher zu fragen. Daß auch Sie nun beides tun, stärkt meine Achtung vor eurem Deutschland nicht, und ist, wenn ich das sagen darf, in Ihrem Fall weit weniger harmlos als bei fast allen andern, die es tun. Denn Sie wissen genau, wie es mit mir steht und wie ich, nah am Verrecken, jeden Tag bis zur Erschöpfung der letzten Kräfte ausgenutzt werde.
>
> Wir wollen es dabei gut sein lassen, und einander eine Weile in Ruhe lassen.

Vierzehn Tage später teilt Luise Rinser Hesse „trotz Verbots" sehr selbstbewusst mit, dass sie seinen Brief nicht so ganz ernst nehmen könne. Sie erklärt ihm, dass sie seinen Ärger sehr wohl verstehe und wisse, dass sie ihn enttäuscht hat. Mutig schreibt sie, sie nehme den Brief als „Ausdruck eines großen augenblicklichen Ärgers" über sie. Sie entschuldigt sich aufrichtig: „Daß Sie meine Bitte der Weitergabe der Manuskripte so ärgerte, tut mir leid. Ich dachte wirklich, es sei mühelos, und ich vergaß, daß allzu viele mit solchen Bitten kommen." Sie bittet Hesse, nicht über sie als Person enttäuscht und nicht „so verbittert", sondern nun wieder großherzig zu sein, wie ehemals. Sie fühlt sich ihrerseits durch eine Bemerkung Hesses gekränkt:

> Und sagen sie nie mehr: ‚Ihr Deutschen'. Daß wir hier mitten in der Hölle, […] noch um Geist bemüht sind, das allein sollte genügen, uns noch für Menschen zu halten.

Doch ihr ist vor allem an einer Bereinigung der Atmosphäre gelegen:

> Eigentlich sollte ich froh sein, daß sie so leidenschaftlich böse sein können u. kein ‚alter, weiser' Mann sind! Lächeln Sie. Versuchen Sie es, bitte. Lassen Sie die Summe Ihres Lebens ein etwas spöttisches, aber doch freundlich verzeihendes Lächeln sein, nicht einen bösen Blick. Wir sind nicht böser als Menschen es je und je waren.

Doch Hesse erwidert noch einmal vorwurfsvoll (zwischen April und Juni 1947 – der Brief trägt kein Datum):

> Am Übelnehmen liegt mir nichts, ich habe mehr als genug andres zu tun. Aus Ihrem Brief sehe ich, daß ich nicht das Recht habe, mir ein ablehnendes Urteil über irgend eine Handlung von Ihnen zu erlauben, während Ihnen jede Kritik und Schulmeisterei an mir erlaubt ist. Ich bitte also um Entschuldigung, und denke das ‚Ihr Deutsche' diesmal nur im Stillen. Da Sie wie Ihr alle so sehr empfindlich sind und etwas anderes als Bewunderung so gar nicht ertragen können, hätten Sie ja auch irgend einmal sich eine Minute lang in meine Lage hineindenken und auf mich Rücksicht nehmen können, die Sie von anderen erwarten.
>
> Ich bin jeden lieben Tag bis zur Erschöpfung überlastet, zu drei Viertel mit Deutschlandfürsorge, kann seit vielen Wochen nicht gehen und stehen, und muß in 14 Tagen mich wieder zu Untersuchungen und evt. Behandlungen in eine Klinik bringen lassen.

Hesse fühlt sich in seinen Reaktionen von Luise Rinser nicht angemessen verstanden. Er erkennt und akzeptiert zwar ihre Kritik an seinem Pauschalurteil „Ihr Deutsche", weist aber umgekehrt darauf hin, dass es ihm erlaubt sein müsse, auch an Rinsers Verhalten ihm gegenüber Kritik üben zu dürfen. Unter der Oberfläche beobachtet er bei ihr nicht die nötige Empathie und Rücksichtnahme, denn ihre Weitergabe seiner Manuskripte hat Hesse in der Tat sehr verletzt. Was Luise Rinser richtig sieht, ist, dass Hesse hier sehr ich-haft, wenig gelassen, wenig weise reagiert. Sie trifft ihn in einem wunden Punkt, seinem Ego, dem es verwehrt bleibt Ehre, Anerkennung und Bestätigung zu bekommen, was dem Dichter missfällt. Auch Hesse möchte – wie jeder Mensch – in seinem Urteil verstanden werden und keine Vorhaltungen bekommen. Schon in seiner Kindheit hatte er Probleme damit, sich etwas vorschreiben zu lassen. Er galt als erziehungsschwierig, weshalb seine Eltern erwogen, ihn in ein Internat zu geben, und wählten dafür später die Klosterschule in Maulbronn. Wir wissen, dass er auch dort seinen Weg sehr „eigenwillig" verfolgte, eine große Krise und Transformation erlebte, schließlich davonlief, um später sein Ziel, Dichter zu werden, zu erreichen.[18]

Hesse zählt zu den Menschen, die Einsichten und Erkenntnisse im Wesentlichen nur durch eigene, selbst „erlittene" Erfahrungen machen. Dazu gehört es, Meinungen anderer zwar ernst zu nehmen, aber immer auch kritisch zu hinterfragen, um auf das eigene Innere hören und den eigenen Erfahrungsweg mit allen damit verbundenen Konsequenzen beschreiten zu können. Diese mentale Selbstverantwortlichkeit drückt sich bei Hesse nach einer zweiten verarbeiteten Lebenskrise in der indischen Dichtung Siddhartha darin aus, dass er Siddhartha zu Buddha, als es darum geht, dessen Jünger zu werden oder nicht, sagen lässt:

> Eines aber enthält die so klare, die so ehrwürdige Lehre nicht: sie enthält nicht das Geheimnis dessen, was der Erhabene selbst erlebt hat, er allein unter den Hunderttausenden. […] Dies ist es, weswegen ich meine Wanderschaft fortsetze – nicht um eine andere, bessere Lehre zu suchen, denn ich weiß, es gibt keine, sondern um alle Lehren und alle Lehrer zu verlassen und allein mein Ziel zu erreichen oder zu sterben.[19]

Die hohe Bedeutung des je eigenen Erfahrungsgewinns blieb Hesse zeitlebens eigen. Er gehört zu den Menschen, die Lehrmeinungen nicht ungeprüft übernehmen, sondern diese anhand eigenen Erlebens bestätigen müssen. Insofern wird für Hesse das unvermittelte Erlebnis vorrangig. Davon berichtet sein Werk. Schon als Schüler ist er sehr eigene, wenngleich schwierige Wege im Elternhaus gegangen und später im Kloster Maulbronn, was ihn zu einem Stück Persönlichkeit hat reifen lassen. Die Entschuldigung für seine falsche Generalisierung „Ihr Deutsche" ist für ihn in seiner Betroffenheit fast schon als weises Verhalten auszulegen. Wenn Luise Rinser am 10. Juni 1947 noch einmal antwortet, sie habe Hesse und seinen „Groll" jetzt verstanden, so bleibt dieses Verstehen fraglich, wenn es darum geht, sich selbst einmal in Frage zu stellen. Hesse sieht, dass er wegen seiner

---

[18] Vgl. dazu Rüdiger HAAS, *Eine Brücke zwischen den Weltreligionen: Hermann Hesse.* In: Edith-Stein-Jahrbuch 2001. Zweiter Band, Würzburg 2001, 241 ff.

[19] Hermann HESSE, *Gesammelte Werke*, Band 5, Frankfurt a. M. 1987, 381.

möglicherweise egoistischen Betroffenheit zurecht kritisiert wird. Er betont aber auch, dass bei Luise Rinsers zu wenig Selbstkritik vorliege. Der Sache nach hat Hesse Rinsers Verhalten nicht gebilligt, dennoch verhielt er sich ihr gegenüber weiterhin freundschaftlich und kollegial.[20] Luise Rinser bittet den Dichter schließlich, ihre guten Wünsche zum Geburtstag wieder in der alten Gesinnung anzunehmen, und versichert, dass sie ihn weiter „sehr liebe".

Postwendend reagiert Hesse nach Erhalt ihrer Erzählung *Jan Lobel aus Warschau* mit einer Karte, auf deren Vorderseite das Hermann-Hesse-Haus in Gaienhofen abgebildet ist. Er habe sich die Erzählung von seiner Frau vorlesen lassen und attestiert:

> Sie hat mir sowohl als Ganzes wie in allen Einzelheiten sehr gefallen, das möchte ich gleich melden. In dem Haus hinter der Linde habe ich einst, nach meiner ersten Heirat, drei Jahre gelebt von 1904 bis 7.
>
> Herzlich grüßt Sie Ihr H. Hesse

Am 4. August 1947 drückt Luise Rinser ihre Freude über die Grüße Hesses aus:

> An der heißen Freude, die unvermutet in mir aufsprang als ich las ‚Herzlich grüßt […]', daran merkte ich, wie sehr mich der Gedanke bedrückt hatte, daß Sie wirklich durch mehr als die Schweizer Grenze von mir getrennt wären. Sie sind es nicht. Ich spüre es. Und Ihre Nähe gehört zu meinem Leben. Es gibt einige solche Dinge […] ohne die man nicht lebt; sie müssen da sein, wirklich oder in geistiger Nähe. Ohne Sie lebe ich nicht. Es muß eine Ur-Beziehung sein, nicht begründbar (Gründe, die dafür angegeben werden könne, treffen nicht den Grund!). So also sind Sie wieder da, nicht böse, ein wenig zurückhaltend, aber Sie sind da.

Die Dichterin bedankt sich über die Zusendung der Schrift *Beschreibung einer Landschaft* und berichtet vom Kontakt zu einer Hellseherin, die ihre Ehe als schlecht beschreibt und mit dazu

---

[20] José SÁNCHEZ DE MURILLO, a.a.O., 237f.

beiträgt, dass Luise Rinser einen Grund findet, sich von Klaus Herrmann zu trennen.[21]
Hesse berichtet, er erhalte jeden Tag so viel neue Briefpost, „daß man froh sein muß, wenn man sie lesen kann, meistens bleiben Reste“. Dies führe dazu, dass er kein Privatleben mehr habe. „Nun, ich habe bis vor wenigen Jahren dies Pr.Leben gehabt, und es oft blutig und bitter erkämpft, und es war sehr schön. Um den Rest ist es nun nicht schade.“

Am 6. Juli 1948 schreibt Luise Rinser:

> Aber ehe ich weiterschreibe: vor dreizehn Jahren schrieb ich Ihnen zum erstenmal zum 2. Juli und damals wünschte ich Ihnen herzlich und naiv ‚Glück‘. Und heute? Ich habe Angst, irgendetwas zu sagen. Jene Bitterkeit, die aus Ihren Briefen der letzten Jahre spricht, macht mich scheu und verlegen. Auch weiß ich nicht, ob ein Gruß von mir Ihnen noch Freude macht. Peter Suhrkamp schrieb mir von seinem Besuch bei Ihnen und von Ihrer Unzufriedenheit mit meiner Entwicklung. Ich kann nichts tun als Ihnen sagen: ich tu das, was ich tun muß. Aber wie immer auch Sie mich sehen mögen: mein Herz hängt an Ihnen, an Ihren Gedichten vor allem, und an Ihnen selbst, und so muß ich Ihnen schreiben.

Die Dichterin hat sich verändert. Aus der Konfrontation mit sich selbst, aus leidvollen Erfahrungen, entsteht ein neuer, sehr ehrlicher Ton. Sie stellt sich der Möglichkeit, dass Hesse mit ihrer literarischen und geistigen Entwicklung nicht zufrieden sein könnte, und betont dagegen die Notwendigkeit, ihren eigenen Weg zu gehen. Hesse antwortet ihr (zu Beginn des Jahres 1949), dass er die angekündigte Erzählung *Jan Lobel aus Warschau* noch nicht erhalten habe:

> So kann ich für heute nur Grüße schicken und Ihre Meinung zu korrigieren suchen, ich könnte Ihnen etwa böse sein. Ich habe eine Zeitlang von Ihnen nichts zu lesen bekommen, was mir gefiel. Aber das will wenig heißen, es gibt sehr selten noch etwas Literarisches, was mir gefiele, ich habe die Aufmerksamkeit und Neugierde für Literatur ganz verloren [...].

---

[21] José SÁNCHEZ DE MURILLO, a.a.O., 239.

Hesse klagt über sein Leben, das fast nur aus „Kranksein, sehr viel Schmerzen“ und „den Sorgen um meine Nächsten in Deutschland und andern Not- und Hungerländern“ bestehe. Er lässt Luise Rinser aber wissen, dass er sich darüber freut, dass sie mit Peter Suhrkamp wieder befreundet ist, weil es seiner Meinung nach keinen besseren Verleger gebe, „was das Moralische“ betreffe. Enttäuscht ist der Dichter allerdings von der modernen Literatur und von Suhrkamps Kontakten zum Nachwuchs:

> Nur hat von seinen neuen Büchern, soweit ich sie angesehen habe, sehr weniges mir gefallen. Daß er einen Autor wie W. Lehmann verliert und dafür Axel Lübbe oder ähnliches eintauscht, ist einfach ein Unglück.

Am 9. August 1949 gibt Luise Rinser ihrer Freude darüber Ausdruck, dass dem Dichter die Erzählung *Jan Lobel* gefallen habe. Sie teilt ihm mit, sie sei ein ganzes Jahr nur journalistisch tätig gewesen und habe sich einen Namen als Rezensentin gemacht. So übergebe Peter Suhrkamp ihr seine Bücher zur Rezension für die „Neue Zeitung“. Luise Rinser ist allein, sie arbeitet viel, teilweise „besessen“, dabei aber auch mit viel Freude. Sie kündigt für das folgende Jahr einen neuen Roman an, der bei Suhrkamp erscheinen werde. Sie reflektiert ihre Situation:

> Eigentlich ist ein Schriftsteller ein armes Luder, Sklave einiger Einfälle, die ihn festschmieden und in Schach halten – und hinterher ist es doch nie das, was man machen wollte – immer ists weniger als man erwartete. Aber wie auch immer: was sollte ich sonst tun als schreiben? Ich liebe diese gottverdammte Arbeit.

Hesse ist es „lieb zu hören“, dass Luise Rinser an einem neuen Roman arbeite. Er berichtet, dass er „wieder zu den Anfängen zurück gekehrt“ sei und in den letzten Jahren nichts weiter gemacht habe „als Versuche im engsten Rahmen, ein Stückchen Wahrheit, einen Mund voll erlebter oder beobachteter Wirklichkeit aufzuzeichnen“. Er habe dabei wiederentdeckt, was er „auch früher schon wußte aber wieder vergessen hatte, daß dies Streben

nach Wahrheit äußerst illusorisch ist." „Nun, so sind alle Entdeckungen beschaffen", schließt er seinen Gedankengang.
Am 12. Juli 1950 gratuliert Luise Rinser Hermann Hesse das fünfzehnte Mal zum Geburtstag. Sie habe „vor nicht viel mehr Angst", aber sie habe „Angst vor der Tristesse der vollkommenen Durchorganisierung des Lebens", wie etwa in Ostberlin. Ihr neuer Roman sei fertig und werde im Oktober erscheinen, allerdings bei S. Fischer, nicht mehr bei Suhrkamp, den die Dichterin verlassen habe, wie sie sagt

> mit seiner Zustimmung […]. Es kostete mich einige Kämpfe, innerlich. Ich habe die ganze Geschichte in Frankfurt erlebt. Es sind Fehler auf beiden Seiten gemacht worden. Auch Peter hat Unrecht getan. Das ganze war betrüblich. Aber es ist nun geschehen. Peter wird mit Ihnen und Eliot einen wunderschönen Verlag machen.

Sie berichtet von ihrer ersten Auslandsreise nach dem Krieg nach Frankreich:

> Ich kam ganz verwandelt zurück. Wie bitter nötig haben wir jungen deutschen Autoren die lebendige Verbindung zur Welt. Wie provinziell sind wir geworden!

Nach und nach habe sie auch wieder alle Bücher von Hesse beisammen. Am 22. Februar 1951 schreibt sie, sie wollte dem Dichter eigentlich ihren neuen Roman *Mitte des Lebens* schicken, habe aber die leise Sorge, Hesse sei ihr böse, weil sie „Freund Peter" verlassen habe. Sie warte lieber darauf zu hören, ob Hesse das Buch überhaupt wolle. Beunruhigt darüber, wie er reagieren würde, verdeutlicht sie die Situation:

> Daß ich Peter verlassen habe, hat bei mir ganz andere Gründe als bei andern. Meine Freundschaft mit ihm dauert weiter; ich besuchte ihn vor einigen Wochen, und er freute sich, und er weiß genau, daß es ein höchst privater Grund ist, der mich bewog, zu Bermann-Fischer zu gehen. Ich bin engstens befreundet mit einem seiner Teilhaber, und es war mehr als Herzenshöflichkeit, daß ich zu *ihm* ging. Peter weiß das genau, er hat es gutgeheißen und nie eine andere Entscheidung von mir erwartet. Daß es bei mir nicht ohne innere Konflikte dabei abging, ist selbstverständlich.

> Es täte mir aber sehr leid, wenn Sie es nicht verstehen würden und glaubten, daß ich aus irgendwelchen Berechnungen heraus es tat.

Hesse teilt Luise Rinser mit, dass er den neuen Roman *Mitte des Lebens* auf Umwegen über Freunde bekommen und schon mit der Lektüre begonnen habe. Er schreibt:

> Wir werden das Buch mit aller Teilnahme weiter lesen, nur haben wir das heut unterbrochen zu Gunsten Ihres großen Aufsatzes über die junge Literatur. Was für eine Arbeit haben Sie da auf sich genommen! Wir sind dankbar dafür und haben uns gefreut.

Und bezüglich des Weggangs von Suhrkamp beruhigt er verständnisvoll:

> Warum Sie nicht, wie es sonst selbstverständlich gewesen wäre, mit zu Peter Suhrkamp gegangen sind, weiß ich durch Peter selbst, der es uns beim letzten Zusammensein erzählte und mit vollem Verständnis erklärte. Es war und ist also bei mir keinerlei Verstimmung vorhanden.

In ihrem letzten uns vorliegenden Brief vom 31. März 1951 berichtet Luise Rinser von einer bereits länger dauernden Leber-Gallen-Erkrankung, die im Zusammenhang mit einer ziemlich schweren Krise – auch seelischer Art – stehe, durch die sie gegangen sei. Sie frage sich, wer von allen Menschen ihr „wissend" erscheine, und komme zum Ergebnis, dass sehr wenige von ihnen übrig blieben und dass sie dabei immer wieder an Hesse denke. Schließlich fragt sie nach, ob Hesse ihr neues Buch[22] möge. Der Dichter antwortet in seinem letzten Brief nur kurz, es gehe bei ihm sehr bergab, weshalb er so ungern Briefe schreibe, „und diesmal besonders ungern":

> denn Ihr Buch, das wir von Freunden entlehnt hatten, hat mir nicht gefallen, d.h. es haben mir die paar rein erzählerischen Stücke (die Entlassung aus d. Zuchthaus etc) sehr gefallen, das Buch selbst aber nicht. Darum bitte ich, es mir nicht schicken zu lassen, es wäre schade darum.

---

22 *Mitte des Lebens* oder *Gefängnistagebuch?*

So endet der dokumentierte Briefwechsel Mitte 1951. Ob Hesses Enttäuschung über den Roman dabei eine Rolle gespielt hat, wissen wir nicht. Vielleicht hat Luise Rinser auch gespürt, dass Hesse die Korrespondenz zunehmend anstrengte und er sich altersbedingt zurückziehen wollte. Vielleicht hat sie auch mit der angesprochenen Krankheit eine weitere innere Krise durchlebt, die zur endgültigen Abnabelung von ihrem „Vorbild“ und dem damit verbundenen Ende des Briefwechsels führte.

Die Briefe[23]

Aus dem Text des folgenden Briefes ergibt sich, dass er nicht der erste sein kann, den L.R. an H.H. geschrieben hat. Leider ist aber keiner der vorausgegangenen Briefe erhalten, ebenso wenig frühere Antworten von H.H.

Am oberen Rand des folgenden Briefes, adressiert an „Frl. Luise Tr. Rinser in Nicklheim bei Rosenheim (Oberbayern)“, ist handschriftlich vermerkt: „Nov. 1937.“ Dies stimmt überein mit der Tatsache, dass Luise Rinser zu jener Zeit in Nicklheim als Aushilfslehrerin tätig war. Der Brief L.R.s, auf den H.H. hier antwortet, ist wohl nicht erhalten.

o.Ort, o.Datum

[ohne Anrede]

Danke für Ihren lieben Brief, meine Frau[24] hat ihn mir vorgelesen. Nehmen Sie das kleine Bildchen[25] als meinen Gegengruß, und eine Frage muß ich ja auch beantworten: Sie stellen sich die Geschichte von J. Knecht systematischer, größer und wohl auch etwas pathetischer vor als ich, aber im Grunde denken Sie sich doch das Richtige. Diese Dichtung, in der ich die Morgenl.fahrt fortsetzen wollte, und die nun zu meinem Alterswerk geworden ist, das ich vielleicht nicht mehr zu Ende bringe, hat bisher folgende Stücke, die schon gedruckt sind: das „Glasperlenspiel (N. Rundschau etwa Ende 33 Regenmacher, Beichtvater (Rundschau Sommer 36)

---

[23] Für die kritische Durchsicht, die Ergänzung mit dem Herausgeber unbekanntem Material, vor allem aber für die Besorgung der Anmerkungen gebührt Herrn Dr. Volker Michels großer Dank.

[24] Ninon Hesse (1895–1966)

[25] Der Briefbogen ist geschmückt mit einem etwa 6 x 6 cm großen Bildchen mit der Unterschrift „Holzschnitt nach einem Aquarell von Hermann Hesse“.

Indischer L.Lauf (Rundschau Juli 37) und die „Gedichte" Knechts in meinem Buch „Neue Gedichte". Außerdem existiert irgendwo noch ein Stück Manuscript, doch habe ich es seit vielen Monaten nicht mehr gesehen. Denn die Welt verbraucht uns nicht so, wie wir es wüschen, sondern auf ihre Art. Ich bin seit langen Jahren augenleidend und von beständigen, kaum je pausierenden Schmerzen bedrängt. Nun muß ich fast das ganze Jahr hindurch am Vormittag Briefe lesen u. beantworten, meist bis zur Erschöpfung der Augenkraft für den Tag, und nachmittags kommen dann Besuche, dies Jahr waren hunderte da, sitzen bei uns, trinken Thee, schwatzen, bringen Empfehlungen und Grüße von Freunden, oder beichten, sind verzweifelt oder sind junge Gymnasiasten und soeben mit gestohlenem Geld den Eltern durchgebrannt, oder auch sind es ruhige alte Leute, die mir von anno damals erzählen und eine Tante von mir gekannt haben, oder sind es Emigranten und Leute mit Fransen an den Hosen und keinem Pfennig im Sacke, die man trösten und füttern muß, und so gehe ich beinahe jeden Tag ins Bett, überfüllt von Fremdem, beladen mit Freemdem, und mit dem Altwerden verliert sich die Lust, auszubrechen und zu meiner eigenen Arbeit zu fliehen. So weiß ich nicht, wann ich einmal wieder mein Manuscript heraussuchen werde, das Wiederlesen allein ist, wie jedes Lesen, eine Arbeit u. Qual, die ich fürchte.

Darum bitte ich auch nicht um Ihre Novelle, freue mich aber wenn Sie einmal wieder schreiben. Es grüßt Sie Ihr HH

Braunschweig / Sackring 54/II 19. August 39.

Lieber, sehr verehrter Herr Hesse, nach vielen Irrwegen erreichte mich Ihr Gruß[26] hier in Braunschweig. Hier bin ich nämlich seit einigen Wochen. Ich bin nicht mehr in dem von mir so geliebten Oberbayern, ich bin nicht mehr Lehrerin und alles ist anders geworden: ich habe im Mai geheiratet und zwar meinen Freund,

---

26 Es scheint durchaus denkbar, dass es sich dabei um den vorstehenden Brief handelt, der ja nach Nicklheim, also Oberbayern adressiert war.

den Sie auch kennen (der auch schon einige Gedichtgrüße von Ihnen bekam) und der nun Kapellmeister am Staatstheater hier geworden ist. Neulich war ich gerade dabei, die Treppe unsrer Mietskaserne zu kehren (Sie hören meinen Groll gegen Städte heraus!) als der Postbote Ihre „Drucksache" mir gab. Ich wollte sie ad acta legen, da sah ich Ihre Schrift und ein freudiger Schreck überfiel mich, und dann begann ich, auf der Treppe sitzend, zu lesen. Ich kenne alle bis auf „Nachtgedanken" und „Tagebuchblatt". – Ahnen Sie, welche Freude Sie mir gemacht haben? Ich glaube nicht. Wie schön sind diese Gedichte! Und wie nah Sie (das „Sie" wollte ich eigentlich klein schreiben, ich meinte „sie" – die Gedichte, aber nun stimmt es auch so) mir sind. Was mich am stärksten an Sie bindet, das ist Ihre „Heimatlosigkeit" auf Erden, Ihre Trauer, Ihr Kämpfen um einen Sinn.

Ich spreche nicht über Literatur, sondern über das Leben. Sehen Sie, ich erlebe das in diesen Tagen mit großer Eindringlichkeit: Jahre hindurch haben wir, mein Mann und ich, aufeinander gewartet und Sehnsucht ausgestanden. In diesen Jahren, in denen mir nicht nur die menschliche Entwicklung, sondern auch die – wenn ich so sagen darf – künstlerische Entwicklung sehr viel zu schaffen machte, dachte ich oft: all diese Wirrnisse werden ein Ende haben, wenn ich Frau bin, wenn ich ein Kind erwarte. Ich sehnte mich danach, ich erhoffte <u>alles</u> davon. Nun bin ich Frau, nun erwarte ich ein Kind – und ich bin heimatlos wie früher. In all der Liebe, die mich umfängt. Und auch mein Mann ist einsam. Obwohl wir uns wirklich lieben. Aber wir versuchen uns nicht zu täuschen über unsere eigentliche Heimatlosigkeit. Nie und nirgends habe ich das Gefühl, hierhin zu gehören, daheim zu sein; ich habe auch kein Gefühl für Besitz, ja kaum eines für „Pflichten". Ich gehe durchs Leben und wundere mich und schicke mich darein, durch verschiedene Epochen zu gehen – auch durch die Epoche der Hausfrau, der Mutter, der Ehefrau – und sehne mich

danach, in einem Kloster zu sein und zu denken. Und zu schreiben. Dieser unglückselige Trieb – ach, dieser Trieb, der einem immer wieder einen Sinn gibt! – Aber ich kann jetzt nicht schreiben, das neue Dasein als Hausfrau füllt den Tag aus.
Ich wüßte gerne, was Sie bewogen hat, mir Ihre Gedichte zu schicken. Ich bin so erstaunt darüber; ich kann es mir gar nicht recht erklären.
S. Fischer hat übrigens in der Rundschau eine Erzählung von mir gedruckt, und im Januarheft waren 2 Gedichte – eins von Ihnen, eins von mir, da schämte ich mich, das dürfen Sie mir glauben. S. Fischer d.h. Herr Suhrkamp will sich sehr meiner annehmen, und Herr Loerke (ich war in Berlin) hat mich geradezu „verpflichtet", Gedichte zu schreiben. Ich kann aber nicht so auf Befehl.
Sehr vieles möchte ich Ihnen noch sagen, aber Sie haben schlechte Augen und wenig Zeit und es ist auch alles gar nicht so wichtig.
Ich liebe Ihre Gedichte, ich liebe auch Ihr Bild und ich denke oft an Sie, so, als wäre ich seit vielen Jahren eng mit Ihnen befreundet.
Ich danke Ihnen von ganzem Herzen für Ihren Gruß.
Ihre Luise Schnell-Rinser.

o.Ort, o.Datum

Sie wüßten gerne, ‚was mich bewogen hat', Ihnen neulich den Privatdruck zu senden. Nehmen Sie ruhig an, daß es Ihre Sehnsucht, Ihre Kraft des einsamen Verlangens war, die den Gruß eines Kollegen aus der Ferne herbeigezogen hat. Das Gedicht im Januarheft hat wohl mitgewirkt; das glaube ich wohl, daß Loerke an solchen Gedichten seine Freude hat.
Ich danke Ihnen für Ihren Brief, er ist mir eine Bestätigung, wie Ihnen mein Gedichtheft eine sein wollte. Mit dem Einsamsein trotz Liebe, trotz Freundschaft, ja das habe auch ich nie anders gekannt.
Es grüßt Sie Ihr H. Hesse

Braunschweig
Sackring 54

4. Juli 1940

Sehr verehrter lieber Herr Hesse, zu Ihrem Geburtstag wünsche ich Ihnen viel Gutes: dass Ihre Augen und die anderen körperlichen Nöte Ihnen nicht zu sehr zusetzen, und vor allem, dass Krieg und Unruhen Ihre Arbeit und Ihr Leben nicht zu sehr bedrohen. Ihnen und uns wünsche ich, dass in diesem Jahr der „Josef Knecht“ fertig werden wird. Wir freuen uns auf dieses Buch. Ich weiß aus den 3 Kapiteln, die ich kenne, wie schön und bedeutend es sein wird. (Das Kapitel im Juliheft der Rundschau las ich noch nicht.) Gestern und heute war Herr Suhrkamp bei mir, er erzählte, dass noch 3 Kapitel fehlen. Ich kann mir denken, wieviel Zeit (und wieviel äußere und innere Ruhe!) so ein Buch braucht, um zu werden. Herr Suhrkamp war bei mir, um mit mir einen Vertrag abzuschließen. Mein erstes kleines Buch („Die gläsernen Ringe“) wird vielleicht noch in diesem Jahr bei S. Fischer erscheinen. Herr Suhrkamp meinte, Sie würden Ihre Freude an diesem Buche haben; es sei – so sagt er: Ihnen sehr verwandt (ohne natürlich Sie nachzumachen.) Es mag schon sein. Ich schrieb Ihnen schon einmal, wie sehr ich vor allem darin mich Ihnen schwesterlich nahe weiß, dass wir nicht zur Ruhe kommen können. Aber ich habe es leichter als Sie: ich bin eine Frau. – Und ich habe einen kleinen Sohn (der freilich bald groß sein und mich verlassen wird!) – jetzt habe ich ihn aber – und er ist reizend. Herr Suhrkamp saß heute eine halbe Stunde bei ihm und verwunderte sich darüber, dass ein vier Monate altes Wesen schon eine „Persönlichkeit“ sein kann: „bestimmt, wach und sensibel“, sagt er.

Ich muss Ihnen auch noch sehr danken für das erschütternde, schöne Gedicht, das ich im Frühling auf dem Umweg über Köln

bekam. Sie werden sich denken können, warum es uns so nahegeht. –
Ich gebe die Hoffnung nicht auf, dass ich Sie einmal sehen werde. Es könnte schön sein, wenngleich ich glaube, dass wir nichts zu sagen wüssten. Sie würden mir vielleicht Ihren Garten zeigen und ich würde Ihnen helfen, Laub und Reisig zu einem Feuerchen zusammenzutragen.
Sorgen Sie sich nicht zu sehr – es gibt immer noch Menschen, junge auch, die Ihre Bücher und Ihre Welt verstehen. Sie schreiben nichts Verlorenes. Ich würde mich freuen, einmal ein paar Worte von Ihnen zu sehen.
Mit allen guten Wünschen auch von meinem Mann Ihre
Luise Schnell-Rinser
Der Brief war solange unterwegs, da ich eine Bestimmung (genauer Absender) zu beachten vergaß. Daher die Verspätung!

13. August 40

Liebe Frau Rinser

Haben Sie Dank für Ihren Brief. Er freute mich so sehr, daß ich früher hätte danken sollen, aber es war dies und das, was mich abhielt, das Befinden ist jetzt etwas besser, auch haben wir endlich richtigen heißen Sommer, der dies Jahr gar nicht kommen wollte.
Auf Ihr Buch freue ich mich. Und wenn es einmal dazu kommt, daß Sie mich besuchen, so wird auch dies mir eine Freude sein, vorher hoffe ich je und je von Ihnen zu hören.
Ich schicke ein Gedicht mit, das im April entstand, dies und jenes, das Sie früher bekommen, sind bisher in diesem Jahr die einzigen.
Von meinen Söhnen ist der älteste[27] erst seit kurzem entlassen, die beiden jüngern[28] sind nun schon im 12. Monat Soldaten.
Herzlich grüßt Sie Beide Ihr H. Hesse

---

[27] Bruno Hesse (1905–1999) Maler und Graphiker.
[28] Heiner Hesse (1909–2003) Dekorateur und Nachlassverwalter; und Martin H. (1911–1968), Fotograf.

Braunschweig 27.4.1941.
Sackring 54/II

Lieber, sehr verehrter Herr Hesse, darf ich Ihnen mein erstes Buch schenken? – Ich habe lange nichts von Ihnen gehört. Wie geht es Ihnen? Wann werden wir Ihr „Glasperlenspiel" lesen können? – Ich habe längst einen Brief an Sie begonnen, aber er wird vielleicht erst in vielen Wochen fertigwerden!
Mit den herzlichsten Grüßen Ihre Luise Schnell-Rinser.

Montagnola Mitte Mai 41

Liebe Frau Schnell

Sie haben es mit Ihrem freundlichen Geschenk gut getroffen. Ich hätte zwar Ihr Buch zu jeder Zeit aufmerksam gelesen und Freude an ihm gehabt, aber jetzt kam es zu einer Zeit wo ich, seit vielen Monaten von der Gicht lahmgelegt, für einen edlen und freundlichen Gruss von aussen doppelt dankbar sein muss. Ich habe denn auch, so schwer es den kranken Händen fällt ein Buch zu halten, Ihre wunderbare Kindheitsgeschichte mit dankbarer Hingabe gelesen, und mich auch sehr über den Ausklang des Buches und sein Bekenntnis zum Geistigen gefreut. Gern möchte ich Ihnen noch viel darüber sagen, aber das Schreiben einiger Zeilen mit der Maschine ist zur Zeit für mich ein schweres Problem, und mit der Feder ginge es erst recht nicht. Dennoch mag ich Sie nicht auf meinen Dank warten lassen. Möchten Sie an Ihrem Buch so viel Freude erleben, wie Sie mir und einigen andern guten Lesern in diesen Tagen damit gemacht haben! Ich bin durch Ihre Geschichte wie durch einen Garten gegangen, jedem Bilde

dankbar, mit jedem einverstanden, und es wird nicht lange dauern, bis ich es zum zweiten mal lese.
Nehmen Sie herzliche Grüsse und Glückwünsche von Ihrem
H. Hesse

Montagnola 11. Juni 41

Liebe Frau Schnell
Mit Vergnügen habe ich heut ein Päckchen ausgepackt, es enthielt die paar Exemplare Ihres Buches, die ich mir zum Verschenken an Freunde bestellt habe. Auch meiner Schwester in Schwaben[29] ließ ich es senden, und sie schrieb mir schon erfreut darüber.
Nach einigen heftigen Sommertagen mit wilden Gewittern – zweimal Blitzschlag in unsrem Haus – haben wir es wieder naß und kühl, und wer wie ich von der Gicht halb gelähmt ist, sitzt und fröstelt.
Ich schicke Ihnen ein neues Gedicht[30], und herzliche Grüße. Ihr
H. Hesse
An Braunschweig habe ich in letzter Zeit oft gedacht, ich las die Briefe von W. Raabe, den ich einmal, so um 1908 oder 9[31], dort besucht habe.

Braunschweig 23. Juni 1941.
Sackring 54/II

Lieber Herr Hesse, was werden Sie von mir denken, da ich Ihnen solang nicht antwortete auf Ihre beiden Briefe! Der Grund meines Schweigens ist derselbe, der auch Ihnen das Schreiben schwer macht: auch ich bin nicht ganz gesund. Allerdings ists nicht die Gicht, die mich quält, sondern die Erwartung meines zweiten

---

29 Adele Gundert (1875–1949) in Korntal.
30 "Stufen", H. Hesse, Sämtliche Werke (SW) Bd.10, 366.
31 Am 24.10.1909. Siehe "Besuch bei Wilhelm Raabe", SW 12, 320ff.

Kindes[32]. Einen Brief schrieb ich Ihnen schon, aber da ich jetzt meist sehr müde bin, würde er nicht so, wie er sein sollte. Aber genug der Entschuldigung. Lassen Sie mich Ihnen danken für beide Briefe. Ich habe mich so sehr gefreut darüber, daß mein Buch Ihnen Freude machte, und Ihr Lob hat mich erschüttert. Ich wußte wohl, daß es ein sauber geschriebenes Buch ist, aber daß Sie es für so gut halten, das dachte ich nicht. Wissen Sie, daß Sie vor allem mein Meister waren? Man hat mir gesagt, daß mein Buch eine innere Ähnlichkeit mit Ihrem „Demian“ hat und daß meine Art zu empfinden und zu schreiben der Ihren ähnlich ist. – Meine Freude über Ihren ersten Brief war aber doch recht getrübt dadurch, daß Sie mir schrieben, wie wenig gut es Ihnen geht. Ich darf Ihnen gestehen, daß der Gedanke, Sie krank zu wissen und in Ihrer Arbeit so sehr behindert, mir Tränen entriß – und ich bin keine weichherzige Person. Wenn es doch die äußeren Umstände erlauben würden, daß ich Sie besuchte! Ich hoffe sehr, daß ich im nächsten Jahr eine so weite Reise machen kann; dann brauchen mich meine beiden Kinder nicht mehr dringend. Es ginge – der Devisen wegen – zwar nur für ganz wenige Tage, aber die genügten mir. – Doch wer kann in diesen Kriegszeiten Pläne machen! – Nie habe ich so sehr erlebt, wie tröstlich es ist, daß es Musik und gute Bilder und Bücher gibt, als in diesen schweren Tagen. Ohne sie vermöchte man kaum mehr zu leben. Wie gut, daß es Unzerstörbares gibt. Ihr Gedicht hat mich sehr bewegt. Sie sind mir so nahe wie ein guter Freund; ich glaube, wenn ich eines Tages wirklich bei Ihnen sein werde, bedarf es keiner Umwege; wir werden uns kennen. – An Ihrem Geburtstage werden mein Mann und ich einige Ihrer von uns sehr geliebten Gedichte lesen und alle unsere guten Wünsche zu Ihnen schicken. – Es gibt sovieles, was ich Ihnen schreiben möchte, aber ich bin zu müde, auch die Arbeit

---

32 Stephan, *10.10.1941, † 27.11.1994

an meinem 2. Buch liegt jetzt brach. Ich kann nur sitzen, schlafen, träumen und warten. Wenn mein 2. Kind so wird wie mein Junge, dann lohnt sichs, all dies auszuhalten. Ich lege ein Bildchen bei; aber ich weiß nicht, ob es über die Grenze darf.
Seien Sie von Herzen gegrüßt von Ihrer Luise Rinser-Schnell.

[Ohne Ort und Datum]
Liebe Frau Rinser
Ihren Brief mit der köstlichen Beilage empfing ich in der Nähe von Bern, bei Freunden auf einem alten Landgut[33] mit 150 jährigen Linden und Kastanien. Doch bin ich längst wieder zuhaus, und inzwischen auch schon wieder einige Tage, zum Zweck von Untersuchungen, in einer großen Klinik[34] gelegen; denn die Krankheit läßt mich nicht los, es geht wieder schlechter.
Das Bild Christophs[35] habe ich nur meiner Frau und einer sehr alten Freundin gezeigt, sie waren beide gleich mir beglückt von diesem lieben feinen Kindergesicht.
Ihr Buch habe ich an mehr als 20 Leute empfohlen, die meisten haben und lasen es nun schon und teilen meine Freude daran.
Von Herzen grüßt Sie Ihr H.

Rostock 8.12.41.
Kölner Str. 5

Lieber Herr Hesse, ich habe zehn Briefe an Sie geschrieben und keinen davon vollendet und keinen abgeschickt. Das kommt daher, daß ich Ihnen gerne vieles erzählen würde und dann doch es nicht tun will. – Zuerst muß ich Ihnen sehr herzlich danken für Ihren Brief, in dem Sie mir schrieben, daß Sie mein Buch vielen Freunden geben. Es freut mich <u>sehr</u>, daß Ihnen das Buch gefällt. Ich habe übrigens sehr viel von Ihnen gelernt. Sie und Ihre Bücher

---

33 Bei Helene und Emil Welti, "Im Lohn", bei Kehrsatz, wo Hesse im Juni das Gedicht "Sommermittag auf einem alten Landsitz" schrieb.
34 Vom 16. -19.Juli im Zürcher Kantonsspital.
35 *27.02.1940

haben mich ganz wesentlich erzogen – und daß Sie meine stille große Liebe sind, wissen Sie das? Spaß. Aber im Ernst: es gibt keinen Tag, an dem ich nicht an Sie denke als an einen unentbehrlichen Freund. Wie geht es Ihnen? Es macht mich traurig zu denken, daß Sie körperlich leiden. Aber da Sie aus allem, was Sie erlebten, das Beste heraussogen, wird auch die Krankheit manchmal nicht nur erträglich, sondern schön sein (wenns nicht <u>zu</u> wehtut!) – Ich habe besonders in den letzten Monaten Sie gebraucht. Sie kennen das, was man „Lebenskrisen" nennt. Das weiß ich deutlich. Ich habe eine solche Lebenskrise durchgemacht. Es war ein tolles Jahr. Es begann herrlich mit einem Erlebnis, das ich nicht hätte haben „dürfen" um bald darauf in großen Schmerz zu geraten. Dann folgten die 9 Monate, in denen ich das zweite Kind erwartete, mit viel Beschwerden, Krankheit, Tränen. Inzwischen wurde mein Mann mir untreu; er liebt eine andere (völlig unpassende) Frau und will sich von mir scheiden lassen. Wir sind umgezogen in diese graue Stadt mit den langweiligsten Menschen; wir wohnen in einer der üblichen Vorstadt-Wohnfabriken, deren graugelber, fleckiger Verputz mir auf die Nerven geht – dazu Fensterrahmen mit abblätternder Ölfarbe, straßauf straßab dasselbe. Oft verirre ich mich, weil alle Straßen gleich sind. Da sitze ich nun, vom Mann verlassen, mit den zwei kleinen Kindern, mit einem Dienstmädel, das mich bestiehlt, und mit vielen Geldsorgen, und empfange Morgen für Morgen die Briefe, die die Geliebte meines Mannes an ihn schreibt, und zerquäle mir Tag und Nacht den Kopf, ob ich mich scheiden lassen soll oder nicht, und, falls ichs tu, wie ich mein Leben fristen soll. Da bräuchte ich Ihren Rat, denn Sie wissen wohl auch in solchen Fragen Rat. Mein Mann (der ein Musiker ist durch und durch, ein „Jungfrau-Mensch", sensibel, labil und jung, mit allerlei romantischen Ideen, aber begabt und – ja, ich nannte ihn früher oft „Ariel", das kennzeichnet ihn am besten) glaubt, er dürfe nicht verheiratet sein, er ertrüge das nicht, er müsse frei sein, ich sei nicht die rechte Frau, die „andere“ wolle er auch nicht heiraten (nur lieben), auf jeden Fall müsse er von mir, die er sehr liebte u. noch „gern hat“, frei sein. Ich selbst liebe ihn wahrscheinlich noch, obwohl er mir weiß Gott das Leben unerträglich machte und macht; ich möchte gerne allein sein, aber es scheint mir, als dürfe man eine kaum begonnene Aufgabe nicht im Stiche lassen und ich glaube, ich müßte aushalten in Geduld, auch wenn mein Mann mir immer deutlicher zu verstehen gibt, daß ich gehen soll, sobald wie möglich. Und alle Leute, die uns kennen, sagen, wir seien füreinander geschaffen. Ich bin oft sehr verwirrt. Ich war so tief verwirrt, daß ich glaubte, nicht mehr leben zu können. Aber das ist Gott sei Dank vorüber. Ich konnte nichts mehr arbeiten, die einfachsten Handgriffe mißlangen, alles zerbrach, nicht einmal kochen konnte ich mehr, alle Dinge und Menschen standen gegen mich. Nun aber, durch Anstrengung u. mehr noch durch Gnade bin ich soweit, daß ich wieder lebe. Ich schreibe an einer neuen Erzählung. – Aber es ist entsetzlich schwer, allein zu sein, ohne Liebe, ohne Zärtlichkeit, ohne alles Schöne, allein mit der Arbeit u. den täglichen Sorgen und der harten Aufgabe, da zu verharren wo man kaum mehr geduldet ist. Aber ich sehe schon einen Sinn darin; das Häßliche ist schon überwunden. Ich atme wieder. Aber es ist nicht leicht und nicht sehr schön. Ich liebe das Leben so sehr, ich liebe das volle Leben. Und nun ist alles hart und schwer u. arm. Aber es wird schon gut sein so. Ich habe Gott sei Dank noch die Begabung zu schreiben. Darin liegt mein Leben. Und man muß hart erzogen werden, nicht wahr?

Verzeihen Sie, daß ich Ihnen so persönliche Dinge schreibe, man soll das nicht – oder doch? Und Sie haben auch einmal „Roßhalde“ geschrieben. Wissen Sie überhaupt noch, was darin steht? Ich besitze es nicht, aber ich las es vor 10 Jahren u. weiß es noch!

Ich wünsche Ihnen viel Gutes. Könnte ich einmal eine Stunde bei Ihnen sitzen! Ob das wohl einmal sein wird? (Sobald ich Geld habe! Wann aber wird das sein???)

Herzliche Grüße von Ihrer Luise Rinser-Schnell.
Tausend Dank für das schöne „traurige“ Gedicht!

10. Jan. 42
Liebe Frau Rinser,
Ihr Brief hat lange gebraucht, bis er zu mir fand, er kam erst nach Neujahr. Wenn ich ihn in die Hand nehme, so geht es mir ähnlich wie als ich Ihr Buch las: ich lese eine Handschrift, deren Zug und Formen mich Zeile um Zeile erfreuen und verführen, sie läuft so leicht und dabei so bestimmt und klar, und wer sie liest, könnte meinen, Sie müssen unbedingt ein leichtes, eher heiteres Leben führen. Dafür habe ich Verständnis. Auf andre und vielleicht doch ähnliche Art wie Sie verstand ich von meinem Leben schön und reizvoll zu erzählen, oder darüber zu reflektieren, während doch dies Leben selbst mir eine Menge Mühe und Verdruss machte und ich es manche Zeiten hindurch jeden Tag wegzuwerfen bereit war. Unsere Erzählungen wieder ermutigen junge Menschen, die sie lesen, ihr mit ähnlichen Stacheln bestecktes Leben dennoch zu lieben und zu verteidigen, oft auch aus ihrer Schwäche eine Tugend zu machen, und so lebt und vererbt sich unsere schwierige Art weiter und macht das Leben schwieriger und interessanter als es sonst wäre. Oft möchte man diese Zustände und Wirkungen verfluchen, oft ist einzig um ihrer willen das Leben schön.
Rat kann ich Ihnen keinen geben; meiner Art nach würde ich mehr zum Loslassen als zum Festhalten raten, aber ich weiss ja nicht, was Loslassen oder Festhalten bei Ihnen bedeutet; vielleicht halten und verteidigen Sie mit Ihrem tapferen Sichwehren das lichte Prinzip in sich, und Nachlassen wäre Verrat. Es tut mir weh, Sie in Bedrängnissen zu wissen, und doch finde ich diese Nöte begreiflich und beinah natürlich, so wie ich Sie aus Ihrem Buch mir vorstelle. Ich kann Ihnen nur wünschen, es möge Ihnen, ausser der Zähigkeit auch so viel Leichtsinn, so viel Sichvergessen-

können werden, wie man in schweren Lagen nötig hat, wo einen mitten im Verzweifeln, scheinbar direkt vor dem Zusammenbrechen, irgend ein Bild, eine Blume, ein Menschenblick so treffen, entzücken, verführen und entselbsten kann, dass alle Gewichte in uns sich neu verteilen.
Sie hätten zu Neujahr ein kleines Geschenk von mir bekommen sollen, es geht mir aber wenig gut und so bin ich mit allem im Rückstand, aber bald wird das Ding doch abgehen.
Herzlich grüßt Sie Ihr H. Hesse

Rostock, Kölner Str. 5 27.I.1942.

Lieber, verehrter Herr Hesse, ich bin mitten in der Arbeit an einer neuen Erzählung und habe gerade heute einen so guten Arbeits-Abend, und statt zu arbeiten will ich nun Ihnen schreiben in jener wunderwollen Stimmung, die Sie kennen: man ist erregt bis in die Fingerspitzen bis zu einer Art von herrlichem Wahnsinn, man durchdringt das sonst Undurchdringliche und man hat eine unsagbare Kraft, zu lieben. Immer, wenn ich arbeiten kann, steigert sich auch diese meine Kraft ins Ungemessene. Ich bin dann fernen Menschen so nah, daß ich wirklich die Kräfte spüre, die sie ausstrahlen und daß ich ebenso deutlich fühle, daß meine Liebe von ihnen in irgendeiner Weise, die sich nicht auf mich bezieht, empfunden wird. Ach, wasfür wunderbare Zeiten kann man erleben mitten in diesem harten, bitteren, schrecklichen Leben. Dies ist auch gleich die Antwort auf Ihren Brief, in dem Sie mir wünschen, daß ich außer der Zähigkeit auch Leichtsinn haben möge. Ich habe ihn. Ich kann mich verführen lassen vom Klang einer Musik, die gar keine gute, keine „klassische“ zu sein braucht – ein schöner Walzer tut es auch, – von einem Lachen, einem Gedicht, und von einem Brief, wenn er so schön, so reizend und so nah ist, wie es der Ihre ist. Ich danke Ihnen. Ich habe, nachdem ich meinen Klagebrief abgesandt hatte, schwierige Tage deshalb, denn ich machte mir Vorwürfe, daß ich Sie mit solchen Dingen behelligte. Ich fand es ganz in Ordnung, daß Sie darauf schwiegen, und ich wollte Ihnen dies auch gelegentlich schreiben. Und da kam nun dieser wundervolle Brief und es kam auch das Gedicht „An einen Dichter“, ein schönes Gedicht. Auf wen ist es geschrieben? Ich glaube, Ihre Gedichte werden unvergänglich sein. – Sie meinen, meiner Handschrift nach müßte ich ein leichtes, heiteres Leben haben. Ich habe, seit ich denken kann, es schwer gehabt, denn ich habe dieses Schwere eben in mir, das ist der Grundton meines Wesens. Ich bin empfindlich, mißtrauisch, einsiedlerisch und leide alle jene Leiden, die Sie kennen, aber ich habe dazu süddeutsches Temperament und, wie man sagt, viel Charme, sodaß man mich für liebenswürdig hält auch wenn man mich ganz gut kennt, und dazu noch habe ich Gott sei Dank eine große Kraft, eine federnde Schwungkraft, die mir hilft, aus den fatalsten Lagen etwas Schönes oder doch Gutes zu machen. Meine Neigung zu Unabhängigkeit, zu äußerer und innerer Freiheit tun das Ihre dazu, und als Letztes meine Kraft, mich „dem Gott“ zu nähern ohne zu verzagen, dem Gott, der Eros heißt, aber auch „Geist“. Ich kann arbeiten und ich kann lieben, und also lebe ich. So bin ich auch jetzt, nach dem schlimmsten Jahre meines Lebens (das Schlimmste habe ich Ihnen noch nicht erzählt. Es wird Ihnen in Kürze mitgeteilt werden), nachdem ich wirklich „am Ende“ war, wiederauferstanden. Ich bin nun einsam. Mein Mann hat mich verlassen; ich habe ihn gebeten, meine Wohnung (es ist wirklich meine Wohnung) zu verlassen, und wir werden uns, falls wir in einem halben Jahr noch nicht andrer Meinung geworden sind, uns scheiden lassen. Der scharfe Schnitt ist nun von mir ausgegangen. Es war ein fürchterlich schwerer Entschluss. Doch als er getan war, da plötzlich tat sich ein Tor zum Leben auf. Ich bin frei, und obwohl ich im Grunde meines Wesens treu bin, habe ich meinen Mann schon „überwunden“. Ich begegne ihm hin und wieder, er kann sein Kind besuchen, er kann, wenn er will, Tee bei mir trinken (sofern ich Tee habe, „echten“ Tee) und wir unterhalten

uns freundlich. Die erste Begegnung hat mich zum Äußersten erschöpft, aber nun bin ich auch darüber hinweg. Es ist vorüber. Ich liebe ihn nicht mehr. Das ist ein schreckliches Wort. Grausam ist das Leben. – Aber es ist auch so freundlich. Seltsam: seit ich das Schwierigste so völlig überwunden habe, indem ich es willig auf mich nahm, bietet mir das Leben die schönsten Geschenke: eine innere Heiterkeit, ein schönes Gedeihen meiner beiden Kinder (eine überraschende geistige Entwicklung meines Ältesten), einige neue sehr schöne Freundschaften, die Werbung eines Mannes, den ich zwar nicht liebe, dessen Liebe mich aber erfreut, und Ihren Brief, der mir ein größeres Geschenk war als Sie wohl denken. Auch verstehe ich plötzlich Dinge, die ich vorher nicht verstand, so vieles aus dem West-östlichen Divan. Ist es denn so, daß man „belohnt" wird, wenn man „tapfer" war? Ich habe das noch nicht geglaubt, daß das Leben so gerecht ist. – Aber ich weiß, daß diese meine neue Kraft und Heiterkeit noch nicht unverlierbar ist; doch ich freue mich ihrer und ich lasse meine Kräfte spielen. Und während ich eine düstere Erzählung schreibe von unentrinnbarer Liebe und von Tod (natürlich!), bin ich geradezu fröhlich (solange, bis eine neue dunkle Welle mich überfällt! – Doch: ... „Das Lebend'ge will ich greifen ...") Ich bin glücklich, ja, ich bin es; es ist kaum zu glauben. Ja, man wird oft überrascht vom Leben.
Ich war kürzlich in Berlin. Suhrkamp wollte mir von seinem Besuch bei Ihnen erzählen und davon, daß nun Ihr neues Buch doch noch fertigwird. Ich freue mich darauf. Das ist keine bloße Redensart. Ich warte darauf, denn ich weiß, daß es etwas wirklich Wesentliches sein wird.
Übrigens ist das Leben auch insofern freundlich, als es mich finanziell entlastet: Suhrkamp, der sich in ganz nobler Weise um mich annimmt, stellt mir soviel Geld zur Verfügung als ich brauche, um, wie er sagt, „nicht nur zu leben, sondern gut zu leben", und auch der Atlantis-Verlag, für den ich Kinderbücher schreibe, tut das Seine dazu; Suhrkamp sagte mir, ich solle mir irgendwo in Deutschland ein Häuschen mieten. Ich bin nun auf der Suche nach diesem zauberhaften Häuschen mit vier Zimmern

und einem Garten. Wissen Sie oder weiß jemand von Ihren vielen deutschen Freunden so etwas für mich? Dort bliebe ich dann wohl bis an mein Lebensende und schriebe Bücher und Gedichte und sähe meine Kinder wachsen und empfinge Freunde – ach ja. Aber ich bin daran gewöhnt, daß Wünsche immer in ganz andrer als in der geträumten Weise erfüllt werden.
Ich würde Ihrer Augen wegen gern größer schreiben, aber ich kann nicht. – Und da Sie meine Schrift gern mögen, werden Sie es mir auch verzeihen, daß ich Ihren Augen Schmerzen bereite.
Ihre Schreibmaschine ist ein sonderbares Ding. Sie hat Charakter wie eine Handschrift; sie tut was sie will, scheint mir, und die Unregelmäßigkeiten machen sie liebenswürdig.
Wenn es sich nun möglich machen sollte, daß ich in diesem Jahre nach Süddeutschland, nachhause, komme, werde ich einen Sprung in die Schweiz machen zu Dr. Hürlimanns nach Zürich. Darf ich dann wirklich auf ein paar schöne Nachmittagsstunden nach Montagnola kommen?
Viele herzliche Grüße und nochmals Dank! Ihre Luise Rinser-S.

o.Ort, o. Datum (etwa 20.3.42)
Liebe Frau Rinser

Ihr lieber prächtiger Brief hat mir große Freude gemacht, es geht mir wenig gut, und jetzt wird wieder der Koffer gepackt, schon wieder. Da möchte ich vorher wenigstens grüßen und mich bedanken. Ich denke mit Teilnahme Ihrer Pläne und wünsche von Herzen Glück dazu. An Suhrkamp haben Sie einen guten Freund.
Der Frühling beginnt und die Primeln und Krokus sind schön wie immer, aber für kranke, alte Leute ist diese Zeit des Jahres eine schwere Kraftprobe.
Seien Sie vielmal gegrüßt von
Ihrem H. Hesse

Steinseiffen bei Krummhübel / Riesengebirge 31. März 42.
bei Walther Stanietz

Lieber Herr Hesse, lange schon hätte ich Ihnen schreiben müssen. – Eben als ich diesen ersten Satz geschrieben hatte, kam Ihre Karte. Ich bin sehr traurig darüber, daß es Ihnen so schlecht geht. Aber warum schreiben Sie von „kranken alten Leuten"? Krank vielleicht, ja. Aber alt? Sie sind nicht alt, auch nicht jung. Sie haben für mich etwas ganz Zeitloses. Fühlen Sie sich wirklich alt? Ich möchte nicht, daß Sie das tun. Und ich wette, daß, wäre ich jetzt bei Ihnen, Sie (für einige Stunden zumindest) diesen Gedanken vergessen würden. – Ich bin nun in dreifacher Schuld bei Ihnen: ich bekam die Geburtsanzeige, das Buch und heute die Karte. Zuerst: meinen herzlichen Glückwunsch zum Enkelkind. Möge es so gut gedeihen wie meine beiden Buben. Die Geburtsanzeige war übrigens sehr hübsch. Sehr herzlichen Dank auch für das schöne Buch. Ich habe erst darin geblättert, noch nicht richtig gelesen. Ach wie gern mag ich Ihre musikalische Sprache. Musik, Farben und Gerüche stellen sich bei mir immer beim Lesen Ihrer Bücher ein. Schön ist das beigelegte Gedicht. Wie einfach Sie geworden sind! Ich beneide Sie darum und sehne mich danach, es zu werden. Aber ich habe noch einen weiten Weg. – Und Dank endlich auch für die heutige traurige Karte. Wie schön, daß Sie so an mich denken. Es begleitet mich wie ein liebes stilles Licht auf meinen oft krummen Wegen, daß Sie da sind, lieber Freund. Darf ich Sie so nennen? So unsäglich verwandt sind Sie mir. Auch in der Sprache. Nicht als ob ich Sie bewußt nachgeahmt hätte. Gelernt habe ich natürlich auch von Ihnen. Viel, sehr viel. Die Ähnlichkeit aber ist eine „unterirdische"; sie liegt in dem in uns gleichen Erfassen der Dinge. Wir haben scharfe Sinne wie Bauern. Und wir lieben die Welt. Mir wird das sehr deutlich gerade beim Lesen der Bücher von Ernst Jünger. Sie kennen ihn doch sicher. Er schreibt einen blendenden, bezaubernden Stil, scharf, klar, geschliffen und in kleinen Wendungen oft verführerisch. Aber er läßt kalt – oder er

macht heiß – aber er erwärmt nicht. E.J. liebt nicht. Das ist der Schlüssel zu dem Geheimnis. Ich werde die Welt und die Menschen immer wieder lieben, und immer wieder werde ich es wagen, Freundschaft und Liebe zu erleben. Immer wieder. Trotz aller Fehlschläge.
Bei mir begibt sich zur Zeit etwas Neues. Ich bin seit Februar auf Einladung einer Freundin mit meinem großen Jungen nach Schlesien gefahren. Frau Suhrkamp hat mir aufgetragen, von dort aus zu dem Dichter Walther Stanietz zu fahren. Ich tat es. Aus einer Teestunde wurde ein Schicksal. Nicht Liebe, aber eine enge Verkettung der Geschicke. Ich werde nun, da ich seit der Trennung von meinem Mann nicht mehr in Rostock wohnen will, hierher ziehen ins Riesengebirge. Stanietz hat ein Haus, dessen erste Etage er mir vermietet samt der Hälfte des Gartens. Das ist wunderbar. Vor meinen Fenstern liegt die Schneekoppe und liegen die schwermütigen Gebirgszüge, im Norden aber liegen weite Täler mit Hügeln und Dörfern. Ich habe nun 3 Jahre in Großstädten gelebt, ich Landkind. Es ist für mich wie eine Heimkehr, daß ich nun endlich wieder mitten in der Landschaft, zwischen Äckern und Wiesen und Wäldern leben werde. Ich habe den ersten Frühling selten so herzbewegend erlebt. Noch kann ich es nicht recht glauben, daß alles wieder gut und ruhig werden soll in meinem Leben. Nach Ostern fahre ich nach Rostock zurück und packe meine Möbel, und dann siedle ich nach hier über. Ich denke mit leiser Furcht an den Neid der Götter. –
Die Erzählung, die ich geschrieben habe, hat Suhrkamp sehr gut gefallen. Er meint, ich müßte einiges Unwesentliche ändern, dann wäre sie ein „kleines Meisterwerk“. Das freut mich. Der Stoff, meint S., sei außerordentlich stark und ich sei seiner Gestaltung bereits in erstaunlichem Maße gewachsen. Ja, vielleicht werde ich doch einmal eine richtige Dichterin. Ich möchte schon! Wenn's auch einfacher für mich wäre, nur Frau zu sein. Es ist schwer,

zugleich Frau und ein schaffender Mensch zu sein. Die Spannungen, die für die Arbeit nötig sind, stören das schöne Gleichgewicht, das der Mann von der Frau erwartet. Wer eben an einer Erzählung brennend arbeitet, kann nicht sanft und anschmiegsam sein. Ach, die Männer sind oft so sonderbar: sie leiden es nicht gern (sofern sie echte Männer sind), daß eine Frau ihnen irgendwie den Rang abläuft, auch wenn die Frau gar nicht daran denkt, dies zu tun. Sie arbeitet (=schreibt) mit eben der Selbstverständlichkeit, mit der sie liebt, Kinder zur Welt bringt, und kocht und den Garten bestellt. Aber der Mann meint, das dürfe sie nicht. Sollte es wirklich eine Entartungserscheinung sein, wenn eine Frau dichtet? Dürfte eine echte Frau vielleicht – ihrem einfühlenden Wesen gemäß –, nur nachschaffende Künstlerin sein? Aber nicht um alle Männer der Welt, die mir zürnen, gäbe ich meine Arbeit auf. Nicht-mehr-arbeiten wäre genau so gut wie Nicht-mehr-atmen. Die Männer mögen mir meinen Fanatismus verzeihen. Ich kann nicht anders. –
Ich lege drei Fotos bei, die Sie hoffentlich erreichen. Auf zweien sehen Sie mich. Haben Sie je ein Bild von mir gesehen? Hoffentlich sind Sie nicht enttäuscht. Ich photographiere mich schlecht. Aber – der Wahrheit die Ehre zu geben – sehr hübsch bin ich nicht. Dafür ist mein Christoph umso netter. Auf dem Bild mit Telephon habe ich ihn eben angerufen, das machte ihm einen Riesenspaß. Er kann mit seinen zwei Jahren schon mit derlei technischen Dingen richtig umgehen. Als ich ihn anrief, sagte ich: „Mami schickt dir ein Küßchen. Horch mal!" Da beugte er sich auf die Sprechmuschel und gab mir durchs Telephon einen lauten Kuß. Er ist aber irrsinnig eigenwillig. Woher er das haben mag?? Kinder-Erziehen ist sehr schwer, sehr schwer. Ich mache viele Fehler in meiner Impulsivität. Obwohl ich Psychologie (sogar bei Jung, wenn er an der Münchner Universität Gastvorträge hielt) und Pädagogik studiert habe!

Wie gerne säße ich jetzt bei Ihnen, neben einem Strauß weißer Narzissen und bei einer Tasse Tee, und plauderte mit Ihnen dies

und das, leichte Dinge, die durch ein Lächeln oder eine kleine Träne Bedeutung erhielten. Wie ist es mit meinem Besuch bei Ihnen, wenn ich in der 2. Maihälfte zu einer Autorenbesprechung in die Schweiz komme?
Alles Gute Ihnen. Wenn es Ihnen Freude macht, werde ich Ihnen Ihre Kur verkürzen helfen durch öfters ankommende Briefe. Gute Besserung.
Herzlichst Ihre Luise Rinser-S.

Montagnola 20. April 42

Liebe Frau Rinser
Dank sehr für Ihren lieben Brief, den ich noch in Baden[36] bekam, ich war drei Wochen dort, meistens liegend, habe etwas zugenommen, und warte nun auf Nachwirkung. Seit einigen Tagen bin ich zurück, es ist schön, alle Bäume blühen, aber es ist noch sehr kühl.
Mit Jünger geht es mir wie Ihnen. Er gehört zu den Dichtern, die zwar die Liebe zum Geist haben, nicht aber die Liebe zur Natur und die Brüderschaft mit ihr, er teilt das mit Großen, z.B. mit Schiller, aber auch sie sind mir im Grunde unvertraut und verdächtig.
Bei Ihnen ist nun also alles schon ins Rollen gekommen. Daß Sie wieder auf dem Lande leben, begrüße ich sehr, es wird Ihnen, zumindest für eine gute Weile, wohl tun, den Kindern auch. Schönen Dank auch für die lieben Bildchen.
In Zürich konnte ich die Matthäuspassion hören und zum erstenmal meinen Enkel Silver[37] sehen, er hat hübsche Eltern und verspricht auch hübsch zu werden. Sein Name ist eine Erfindung

---

[36] Vom 20.3. bis 11.4.1942 hielt sich Hesse zur Kur in Baden bei Zürich auf.
[37] Silver Hesse (* 1942), Architekt, Sohn von Isa und Heiner Hesse.

seiner Mutter; ich hatte, da sie ihn zu Jahresende erwartete, Silvester vorgeschlagen.
Wenn Sie wirklich zu einer Autorenbesprechung (was ist das?) in die Schweiz kommen und die Fahrt nach Lugano nicht zu weit ist, so wird Ihr Besuch uns eine Freude sein; nur halte ich nicht lange stand und bin sehr bald ermüdet, damit müssen wir uns abfinden.
Viel Glück zu Ihrer Arbeit! Ja, man hielte gern die Frauen vom Geistigen ab, aber ich mache das nicht mit. Meine Frau[38], die einst Kunstgeschichte studiert hat, ist, soweit ihr Leben es erlaubt, ganz mit Griechischem beschäftigt, Literarischem, Archäologischem und vor allem Mythologie. Wenn ich jeweils in Baden bin, wohnt sie in Zürich, sitzt die Vormittage in der Bibliothek und besucht mich nachmittags im nahen Baden.
Im März ist uns Natalina[39] gestorben, eine kleine alte Tessinerin, der gute Geist unsres Hauses und Gartens. Während der 12 Jahre, in denen ich hier allein lebte, hat sie für mich gesorgt, war dann noch lang unsre Köchin, hatte bei uns ihr Stück Garten, und fehlt jetzt überall. Und während ich in Baden war, hat ein Nachbar uns einen unsrer 2 Kater erschlagen, an dem besonders meine Frau sehr hing.
Viele gute Wünsche für das neue Leben!
Vor Monaten sandte ich Ihnen einen Privatdruck „Kl. Betrachtungen." Aber es scheint der größere Teil der Exemplare in Deutschland nicht angekommen zu sein. Herzlich Ihr H. Hesse

Steinseiffen
Post Krummhübel

21. Juni 1942

Lieber Herr Hesse, nun ist es sieben Jahre her, daß ich Ihnen zum erstenmal schrieb. Sieben Jahre ist schon recht lange, und sieben ist außerdem eine schöne heilige Zahl, eine Art Jubiläumszahl, und so müßten meine Glückwünsche zu Ihrem Geburtstag diesmal von besonderer Kraft sein. Mögen sie es sein. Alles Liebe und Gute

---

[38] Ninon Hesse (1895 - 1966).
[39] Natalina Bazzari, Hesses Haushälterin.

Ihnen! Ich habe gehört, daß der „Josef Knecht“ schon im Verlag ist. Herr Suhrkamp sagt mir, daß er, obwohl er ihn schon kennt, immer wieder darin liest mit immer wachsender Freude. Ich bin schon sehr begierig darauf, und Herr Suhrkamp versprach mir, daß er ein Buch wird von der Art jener Bücher, die man wie ein Gebetbuch immer mit sich trägt, so wie etwa die Wahlverwandtschaften, den Divan und Ähnliches. Ich freue mich so sehr darüber, daß Sie ihn allen körperlichen und andern Schwierigkeiten zum Trotz vollendet haben. – Das Buch, von dem Sie schrieben, ist leider nicht zu mir gekommen.
Von mir soviel: ich war 4 Wochen in Österreich, um Studien zu einem Ufa-Film-Drehbuch zu machen, ich habe da einen Auftrag bekommen. Dabei ist meine Sehnsucht nach Oberbayern so groß geworden, daß ich beschloß, um jeden Preis dorthin zu ziehen. Es war nun, als ob das Schicksal mich mit Gewalt dorthin haben wollte: Hier wurde mir die vor kurzem bezogene Wohnung gekündigt (warum, darüber einmal später – es war nicht schön für mich, ich bin ohne meine geringstes Verschulden in eine häßliche Angelegenheit einbezogen worden und will mich nicht verteidigen, sondern räume stillschweigend das Feld; es lohnt sich nicht zu kämpfen; gehen ist viel einfacher und sauberer), und nun werde ich mit den Kindern nach Salzburg ziehen, vorläufig zu einer Tante. Meine Anschrift ist nun: Kirchanschöring bei Salzburg (das genügt; es ist ein Dörfchen.) Ich nehme nicht einmal meine Hausgehilfin mit; auch ihr kündigte ich. Nichts mehr, was mich an mein früheres Leben erinnert, nehme ich mit, nur die Kinder. In diesen Tagen wird endlich auch die Scheidung von meinem Mann rechtskräftig, nachdem er sich noch unsäglich niedrig benommen hat. Ich werde dort, ehe ich eine richtige Wohnung finde, in 2 möblierten Zimmern hausen und alle Arbeit selbst tun und abends „dichten“. Ich glaube, das wird ein gutes, gerades Leben werden. Es ist mir, als hätte ich vieles falsch gemacht bisher und als käme

jetzt erst das Richtige. Hart, einsam, aber sauber. Ich atme freieren, reineren Wind! Und ich bin in der Heimat, in den Bergen, auf dem Dorf, das ist meine Lebensluft. – Noch etwas anderes: Ich traf Karl Hein. Waggerl[40]. Er war sehr betrübt darüber, daß Sie, den er liebt, eine so schlechte Kritik seiner „Mütter" geschrieben haben. Er ist keineswegs das, wofür Sie ihn halten. – Er weiß nicht, daß ich Ihnen das schreibe. (Ich hoffe, daß Sie verstehen, was ich meine.) – Viele herzliche Grüße in alter Verehrung – Ihre Luise Rinser-S.

[Ohne Ort und Datum]
Liebe Frau Rinser

Schon sieben Jahr ist es, seit Sie mir das erstemal geschrieben haben? Das Jubiläum sei gefeiert. Und daß Sie jetzt im Salzburgischen leben werden, in einer Luft und auf einem Boden die Ihnen heimatlich und bekömmlich sind, ist eine Freude mehr.
Von meinem neuen Buch dürfen Sie sich nicht gar so viel versprechen! Weil es so lang gedauert hat und weil das Glasperlenspiel für die Leser ein Mysterium ist, meinen manche es müsse fast eine Bibel oder dergleichen sein.
Daß Waggerl über eine Kritik von mir betrübt war, ist schade. Entweder hätte ich sie nicht schreiben, oder er sie unbeschwerter lesen müssen.
Ich sitze jetzt wieder einmal in einem Haufen von Geburtstagspost; zum Glück sind sehr liebe Briefe neben den vielen unnützen da, und ein paar Gratulanten sind dabei, die mir schon seit Jahrzehnten jedes Jahr einmal schreiben, z.B. ein Maler in Gotha, der mir vor mehr als dreißig Jahren zuerst schrieb, und seither mit Ausnahme zweier Weltkriegsjahre sich immer wieder

---

[40] Karl Heinrich Waggerl (1897–1973) Romancier, Erzähler und Zeichner. Im April 1936 hatte Hesse (in der Stockholmer Zeitschrift "Bonniers Litterära Magazin" Waggerls Roman *Mütter* nicht ganz unkritisch empfohlen. Siehe SW 20, S.181f.

zum Geburtstag einfand. Ebenso macht es seit sehr vielen Jahren ein Bahnhofinspektor im Badischen.
Viele gute Wünsche zur neuen Heimat! Ich finde Sie mit den Gedanken dort leichter als in dem v. Schlesien. Herzlich Ihr H. Hesse

Kirchanschöring b. Salzburg, 10. Oktober 1942.

Lieber Herr Hesse, eigentlich war es so gedacht, daß ich diese Herbstwochen in Zürich verbringen sollte, und so wäre ich vielleicht nun auf eine Stunde bei Ihnen. Es ist aber nicht so gekommen, und so will ich wenigstens in diesem Brief bei Ihnen sein. Schade, daß Sie keine weiten Reisen mehr machen, denn nun müßten Sie mein Gast sein. Ich habe endlich ein Haus für mich allein, ein bescheidenes Häuschen, ohne Komfort, nicht einmal elektrisches Licht ist dort, doch ich entbehre nichts. Es ist reizend gebaut, im Gebirgsstil, mit einem Garten, den ich schon herbstlich bestellt habe; es liegt ¼ Stunde vom Dorf entfernt, ganz einsam an einem wunderschönen Buchenwald, an einem Flüßchen, mit dem Blick auf lauter Wiesen, Hügel, ferne einzelne Bauerngehöfte, Baumgruppen und einige Bergzüge der Königsseer u. Salzburger Berge. Es ist nichts Großartiges, das alles, doch es ist schön und friedlich, und ich werde dort leben können, ohne daß sich jemand in meine Angelegenheiten mischt. Einsam bin ich schon, doch es werden sich schon nach und nach Menschen finden, mit denen ich ab und zu ein Wort über „geistige Dinge" reden kann. Vorläufig genügen mir die Bauern hier, die noch ganz echt sind. Ich bemerke mit Freude, wie alles Großstädtische von mir abfällt. (Meine Großeltern waren noch Bauern, mütterlicherseits – schwäbische Großbauern.) Ich kann Ihnen nicht sagen, wie froh ich darüber bin, die Großstadt so weit hinter mir gelassen zu haben. Jetzt erst merke ich, wie fremd mir das alles war: Großstadt, Theaterleben (mit meinem Mann, dem Kapellmeister), mein Mann selbst: der Großstädter, diese Ehe ohne Kraft und Dauer – all dies war nichts mir Gemäßes. Nun ists vorüber, - ein trüber Traum. Mein Mann ist wieder verheiratet und seit mehreren Wochen an der russischen Front. Das geht mir nah, denn irgendeinen Menschen dort zu wissen, ist schon schwer, und nun gerade den, mit dem man so lange zusammen war! Es ist schon merkwürdig mit der Ehe: man zerreißt das Band nicht nach der Scheidung, und ist schon die Liebe tot, so bleibt der Haß, und ist endlich der Haß überwunden, so bleibt, man sieht es mit Erstaunen, ein immerwährendes Gedenken, bald schön, bald bitter, bald reuevoll, bald böse. Allmählich merke ich, daß ich nicht mehr so ganz jung bin. Überall sind schon Narben. Schade ist nur, daß man wohl nur einmal wirklich lieben kann. Und meine einzige große Liebe ist nun dahin. Ich aber bin eine - - gibt es ein Pendant zu „homme à femme“? Nicht zu kleinen Gefühlen geneigt, sondern zu großen. Schade, daß ich nicht vor 100 Jahren lebte. Karolina und Bettina und jene Frauen wären mir lieber gewesen als die unserer Zeit, und jene Zeit hatte große Empfindungen, tiefe und wahre. Jetzt ist Liebe und Freundschaft „Luxus“ geworden. Niemand hat Zeit. Eilig nimmt man, ehe man in den Kampf oder zur Arbeit geht, einen Trunk aus der Quelle, die schon fade schmeckt, niemand versteht mehr zu lieben, kultiviert oder elementar – alle sind sie müde, verbraucht, kränklich. So bin ich einsam mit einem Herzen voller Empfindung, mit einem Kopf voller Ideen u. Einfälle. Ein paar Briefverbindungen, das ist alles, und hier ab und zu die Gesellschaft eines schönen ernsten Bauernburschen, der aber auch schon nicht mehr ganz ungebrochen ist. (Er war in Amerika.) Allmählich kommt mir auch das Bücherschreiben überflüssig vor. (Doch formt sich ein neuer Stoff in meinem Kopf.) Ich werde keine Literatin werden, dessen bin ich sicher. Mir schwebt ein sehr herber Stoff vor. Ich muß an dieser nächsten Arbeit lernen, zugleich leidenschaftlich und „persönlich“ lebenswahr und aber mit dem höchsten kühlen Abstand zu schreiben. Hab ichs wohl klar genug gesagt? Es ist schlimm, wenn man sehr viel versteht von der künstlerischen

Form, und noch nicht so weit ist, das zu können, was man als Ideal sieht. Man bekommt einen richtigen Verzweiflungsanfall dabei. – Ich hab jetzt nur recht wenig Zeit zum Schreiben; ich hab mein fragwürdiges Mädchen entlassen u. finde (und will auch) kein neues. So tu ich alle Arbeit allein. Die Kinder, die allmählich prächtig aufwachen, der Große vor allem, wollen mehr und mehr von mir haben, so bleiben mir nur die Nachtstunden zum Schreiben. – Mein 2. Buch[41] ist im Verlag und wird, wenns gut geht, in der ersten Hälfte des nächsten Jahres erscheinen. Es ist nicht schlecht, doch der Schluß ist schlecht und ich kann und kann ihn nicht besser, das ist jammervoll. ¾ vom Buch nannte Suhrkamp „beinah schon ein Meisterwerk", aber der Schluß verpatzt alles. Doch will Suhrkamp auf jeden Fall drucken. Sie dürfen es nicht lesen. Doch das nächste, glaub ich, wird wieder besser. – Ich warte und warte auf den „Josef Knecht". Ich erwarte kein Evangelium, doch etwas Wunderschönes, Weises, etwas, das kristallisch ist, doch von einer sanften Herbstsonne beleuchtet, sodaß die Härte und Klarheit von Milch umflossen ist. So erwarte ich es. Haben Sie keine Gedichte geschrieben in letzter Zeit? Solange hab ich keines mehr bekommen. Ihre Gedichte sind so schön. Ich liebe sie sehr. Beim Brand von Rostock sind auch viele schöne Bücher verbrannt (ich hatte bei meinem Mann noch mehrere Bücher zurückgelassen). So habe ich dadurch Ihre „Betrachtungen", den „Steppenwolf" und die „Märchen" nicht mehr u. kann sie auch nicht bekommen. Unersetzliche Dinge haben wir verloren: Noten- und Briefhandschriften von Hindemith, von Strauß usw. Alte Madrigale, mühsam aus Bibliotheken zusammengeholt und aus alten Schlüsseln entziffert. Einen ganz herrlichen Buddha auch. Es ist sehr merkwürdig, daß mein Mann durch diesen Brand alles verloren hat, was er von mir

[41] Vermutlich *Hochebene*, ein Roman, der erst 1948 erschien im H. Schleber Verlag, Kassel.

hatte (er rettete nichts als die Kleider, die er auf dem Leibe trug!) und daß er somit geradezu ein neues Leben auch in diesem Sinne beginnen mußte. Manchmal arbeitet das Schicksal so sauber, so gesetzmäßig, daß man zugleich Schrecken und tiefe Befriedigung dabei empfindet.
Ach – ich schreibe und schreibe, und ich mache Sie müde. Aber ich rede so gerne mit Ihnen. Es ist mir, als säße ich neben Ihnen, auf einem Schemel vielleicht, mit dem Kopf an eine Mauer gelehnt, und plauderte so leise und mit Lächeln mit Ihnen, und Sie bräuchten gar nicht einmal alles zu hören oder gar darauf zu antworten.
Es grüßt Sie herzlich Ihre Luise Rinser-Schnell.

Mont. Ende Oktober 42

Liebe Frau Rinser
Ihr Brief neulich mit dem lieben Bild war mir eine Freude. Leid tat mir freilich, daß aus der geplanten Schweizerreise nichts geworden ist.
Sie fragen nach neuen Gedichten, da muß ich beschämt bekennen, daß ich in diesem ganzen Jahr noch keins gemacht habe, das letzte war „Prosa“ Ende 1941. Dafür habe ich, wie Sie schon wissen, im Frühling mein Buch[42] nach elf Jahren beendet, außerdem habe ich bei einer Zürcher Buchgemeinschaft den Steppenwolf [43] neu herausbringen können, so daß er wenigstens wieder existiert, im übrigen galt alle Arbeit dieses Jahres, soweit ich eben noch arbeitsfähig bin, der Vorbereitung einer Sammlung meiner Gedichte[44], die nun bald fertig ist.
Von den Märchen[45] fand ich noch ein Exemplar, das ich Ihnen schickte.

---

[42] *Das Glasperlenspiel*, Fretz & Wasmuth, Zürich, 1943.
[43] Hesses 1927 erschienener Roman, der damals in Deutschland nicht neu aufgelegt werden durfte.
[44] Die erste Sammelausgabe *Die Gedichte*, Fretz & Wasmuth, Zürich 1942.
[45] H. Hesse, *Märchen*, Berlin 1919.

Es geht mir wieder so schlecht, mit der Gicht und mit den Augen. Aber ich habe einen schönen Sommer gehabt, samt einem Nachsommer, der bis vor wenigen Tagen gedauert hat. Unser Sommer ist hier sonst eher heftig und leidenschaftlich, große Hitzen, plötzliche Wetterstürze, schwere Gewitter, die oft lang dauern, oft bis zu 6 und 7 Tagen. Dies Jahr war der Sommer mild und wohlwollend, keine Verwüstungen im Garten mit weggeschwemmten Wegen etc, keine heftigen Wetterumschläge, auch nicht übergroße Hitzen, und noch schöner war der Nachsommer. Das hat mir geholfen, dies wenig erfreuliche Jahr zu überstehen und zu lieben. Jetzt plane ich wieder eine Kur in Baden, doch fehlt noch allerlei, was dazu gehört.

Ich schrieb Ihnen einmal von der lieben alten Dame[46] in der Berner Gegend, der ich Ihr Buch empfahl und die so entzückt war vom Bild Ihres Buben. Sie lebt nicht mehr. Im Juli waren wir wieder auf ihr schönes altes Landgut eingeladen und fuhren auch hin; als wir ankamen, hatte sich unsre Gastgeberin hinlegen müssen, der Arzt verbot uns sie zu sehen, und in der folgenden Nacht ist sie gestorben. Damit habe ich, außer andrem, auch ein liebes Haus, eine freundliche Zuflucht verloren. Wir waren dann noch ein wenig in dem Schloß Bremgarten, das Sie aus der Morgenlandfahrt[47] kennen.

Ihr Buch dürfen Sie mir aber nicht vorenthalten. Meine Frau grüßt mit mir. Herzlich Ihr H. Hesse

3.11.42.

Lieber Herr Hesse, tausend Dank für Ihr Buch. Ich freue mich, es wiederzubesitzen, denn ich habe es lieb seit vielen Jahren. Schön ist das Bild mit dem Blick auf Tal und See. Mein Gott – wie gern

---

46 Helene Welti, † 14.7.1942.

47 *Die Morgenlandfahrt.* Eine Erzählung, Berlin, 1932.

wäre ich einmal wieder im Süden. Bei uns beginnen sich nun schön langsam zwischen wunderbare, warme Tage die grauen frostigen einzuschieben. Doch dies Jahr freue ich mich auf den Winter: in dieser Woche endlich beziehe ich mein Häuschen am Wald, in der Einsamkeit, und wenn ich noch ein „kurzes Intermezzo" in Berlin überstanden haben werde (die „Ufa" lädt mich zu einem „Autorenkurs" ein und will mich zur Drehbuchautorin machen; – da ich finanziell – ein scheußliches Wort – für meine Kinder u. mich ziemlich allein sorgen muß, seit mein geschiedener Mann an der russischen Front ist, <u>muß</u> ich solche Dinge tun. *[Randbemerkung:]* * ja, nun ist der lange Satz ganz falsch geworden!! – Dann aber, ab Dezember, werde ich einen stillen, und hoffentlich arbeitsreichen Winter haben. Mein 3. Buch[48] wächst und wächst in mir.
Wie geht es Ihnen? Ist der Herbst schön bei Ihnen, für Sie? Ich wünsche es sehr für Sie.
Nochmals: Dank! Ihre Luise Rinser-S.

Kirchanschöring bei Salzburg, 12.12.42.

Lieber Herr Hesse, gestern kam der „Steppenwolf" zu mir, in einem ganz unkriegsmäßigen Gewand, und hat mich beim Durchblättern wieder sofort bezaubert. Ein völlig „verrücktes" Buch, nicht wahr, eine Art Geheimbuch, das nur von ebenfalls nicht recht Normalen verstanden wird. – Die Mozart-Szene bringt mich jedesmal wieder zum Lachen und zum Weinen zugleich. Und Brahms mag ich auch nicht! Nur die 2. Symphonie, wenn sie nicht im Tempo verschleppt wird wie es meist geschieht. – Haben Sie herzlichsten Dank für das Buch. Bei S. Fischer habe ich sehr gefahndet nach den übrigen, doch sie behaupten, keins mehr zu haben. – Ich möchte Ihnen so gern auch etwas schicken, doch ich habe nichts, nichts. – Ich bin glücklich in meinem Waldhaus, das mitten in einer großen, unzerstörten Stille liegt. Alles ist hier still –

---

48 *Die Stärkeren*? Erschienen 1948 bei H. Schleber in Kassel.

die Linien der Hügel, ganz sanft und weithin gezeichnet, der Kanal, der vorüberführt, der Wald hinterm Haus, ein Wald aus einigen Fichten und Eichen und vielen Buchen und einem Bach darunter, und der weite von nichts verstellte Himmel. – Mir geht es gut. Wie lange konnte ich das nicht mehr sagen. Es scheint, daß die Tränen nun für einige Zeit ausgeweint sind. Das Leben ist recht seltsam und ebensowohl willkürlich und gesetzmäßig. Es nahm mir alles, was ich liebte – den Mann, das Heim, die Ruhe – und ließ mich in lauter Kummer fallen. Und nun gibt es mir alles wieder, doch anders als ichs begehrte und hoffte. Es gibt mir sogar Geld, viel Geld, durch zwei Staatsaufträge (ein Filmdrehbuch und eine andere, noch geheime Arbeit), sodaß ich, sobald man bauen kann, mir ein eigenes Haus bauen kann. Ist das nicht schön? Ach – wissen Sie – ich hatte so oft in den letzten Jahren nur 5 M im Geldbeutel und sonst nichts – und drum ist das Geld jetzt für mich etwas viel Schöneres als es an sich ist. („Nur wer im Wohlstand lebt ...“ Sie kennen es?) Dann werde ich für den Atlantis-Verlag ein Deutschlandbuch schreiben, für Kinder. Es soll etwa in der Art (in der Qualität auch, doch das ist völlig undenkbar) von S. Lagerlöfs „Nils Holgerson“ werden. Doch hab ich die schlagende Grundfabel noch nicht ganz deutlich.

Mein 3. Buch ruht noch in meinem Kopf, zum größten Teil, doch wird es dort ausreifen, nicht aber einschlafen.

Herrn Suhrkamp sah ich gerade noch eine Viertelstunde am Tag nach seiner Rückkehr aus der Schweiz. Ich bin betrübt, daß ich den „J.K.“ nun nicht lesen kann. Und ich wartete doch so sehr darauf. Ich war 3 Wochen in Berlin zu einem Filmautorenkurs. Wir sahen viele wundervolle meist ausländische Filme u. man lehrte uns zu denken, daß Film auch Kunst ist, und wie man gute Filme schreibt. Ich muß gestehen, ich bin recht angetan davon. Herr Suhrkamp, der immer Besorgte (er schüttelt dauernd nur den

Kopf über mich) siehts mit Kummer; er sieht mich schon für die wahre Dichtung verloren. Doch ich weiß es besser.
Daß Sie durch den Tod der alten Dame eine schöne Zuflucht verloren haben, tut mir leid. Doch, so denke ich, werden Sie noch mehr gute Freunde und also noch mehr Zufluchtstätten haben. Oder täusche ich mich? – Wie geht es Silver? Nun ist er bald ein Jahr alt. Lieben Sie so kleine Kinder? Ich bin eine Rabenmutter: ich liebe sie erst, wenn sie anfangen, „Menschen" zu werden. – Ich habe meinen Jüngsten gestern in ein kleines privates Kinderheim in Salzburg gegeben, weil ich, da ich keine Hausgehilfin bekommen kann, die Arbeit nicht mehr schaffen kann. Nun hause ich mit Klaus-Christoph, der im Februar 3 Jahre alt wird und sehr klug ist, allein in meiner Einöde, die „Vogelaich" heißt. Und es ist herrlich still. Ich brauche einmal wieder Stille und Muße. – Ich lese mit großer Freude Claudius, und ich entdecke für mich zum erstenmal Laurence Sterne („Tristram" und „Die empfindsame Reise".)
Ihr Bild hängt über meinem Schreibtisch. Ich denke oft an Sie. Warum nur sehen wir uns nie?
Eine schöne, möglichst schmerzenfreie, friedliche Weihnacht!
Ihre Luise Rinser-S.

Kirchanschöring, 3. Juni 1943.
bei Salzburg

Lieber Herr Hesse, ich bin immer gern frühzeitig dran mit meinen Geburtstagswünschen, selbstsüchtigerweise, damit sie nicht ganz verloren gehen in dem Stoß von Briefen, der pünktlich zum 2. Juli bei Ihnen eintrifft. Lassen Sie sich von mir in alter Treue herzlichst alles Gute wünschen. Ich hoffte so sehr, Sie in diesem Jahr zu sehen, aber –. Nun, ich gebe die Hoffnung nicht auf, Sie in einiger Zeit doch noch zu sehen. Wie geht es Ihnen? Was machen die armen Augen? Und die anderen schlimmen Dinge? Ich denke oft an Sie, auch wenn ich längere Zeit nichts von Ihnen gelesen habe. Übrigens erfreue ich mich immer wieder an Ihren Gedichten.

Gerade wenn ich wieder „moderne Gedichte" gelesen habe, kehre ich voller Sehnsucht zu den Ihren zurück. Ich habe nachgerade einen Horror vor allen Gedichten aus der Gegenwart. Alle diese Gedichte – ich finde diese Inflation abscheulich. Und alles ist Form dran, und drinstecken tut meistens nichts. Ich würde ab und zu ganz gern auch eines schreiben, aber erstens bin ich durch und durch für Prosa nur begabt, und dann schreckt mich eben, daß alle Gedichte machen.

Seitdem ich Ihnen zum letztenmal schrieb (im Herbst war es, nicht wahr?) hat sich bei mir alles zum Guten gewendet. Ich habe mein Häuschen in der Einöde, ½ Stunde vom Dorf, mit einem großen Garten (der Arbeit macht!) mitten zwischen Wiesen, Hügeln, Wäldern. Die Hasen und Füchse kommen dicht bis an mein Haus, die Hasen am Morgen und Abend, die Füchse in den Nächten. Mit den Bauern habe ich mich sehr angefreundet, ich bin ihnen keine Fremde mehr. Nirgendwo und nie in meinem Leben hatte ich so das Gefühl von Heimat wie hier. Ich bin, abgesehen von den Nöten, die einem die Arbeit des Schreibens macht und abgesehen von den Bedrückungen der Zeit, die ihre Wellen natürlich auch bis in meine Einöde schickt, wenn auch nur sanft – also abgesehen davon bin ich glücklich. Ich habe einen Mann gefunden, der mich heiratet (<u>er</u> heiratet <u>mich</u>, das ist angenehm. Das erstemal heiratete <u>ich</u>, das war schlecht!) Er ist älter als ich, fast ein Jahrzehnt, ein Dramatiker, dessen Stücke früher ziemlich viel in Berlin aufgeführt worden waren, nun aber aus Gründen, die nicht künstlerischer Art sind, sich zurückzog. Ich werde es also nocheinmal versuchen, diesmal mit mehr Geschick und weniger blinder toller Verliebtheit. Herr Suhrkamp, unser Freund, will zwar nichts davon wissen, daß ich wieder heirate (er weiß es gar nicht, wie akut die Sache ist! Er hofft, ich hätte ein für allemal genug davon. – Wie er mich überhaupt unter einem Glassturz haben möchte! Ach, ich werde mich an dem Guten noch manch grauen Haares schuldig machen.) Im übrigen gab es vorher noch eine ziemliche Erschütterung: im Dezember, ein paar Monate nach der Scheidung, hat Hedwig Rhode (auch bisweilen S. Fischer-Autorin), die 2. Frau meines Mannes, ihm einen Sohn „Wolfgang Amadeus" geboren. Im Februar fiel mein Mann in Rußland. Es war mir sehr schmerzlich, weil er sehr begabt war und wohl noch allerlei Schönes geschrieben d.h. komponiert hätte. Aber es ist doch recht gut so. Er gehörte zu den liebenswürdigen Menschen, die zu weich sind für das Leben, die überallher beeinflußt und immer von Frauen genommen werden. Nun fragt man sich: wozu all die wüsten bitteren Kämpfe! – Ich denke oft mit körperlichem Grauen daran zurück, und dann genieße ich mit Vorsicht und Dankbarkeit meinen so mühsam erkämpften Frieden. Ich schreib einen Roman, die Hälfte ist fertig, und komme dabei immer mehr zu der Einsicht, daß ich nicht mehr „schön" schreiben soll, sondern ganz schlicht, und daß es nicht nötig ist, sich selber zu kommentieren, daß man den Leser ab und zu ruhig ein wenig außer Atem bringen kann und so weiter. Ach, darüber müßte ich nochmal eigens einen Brief schreiben. Oder reden. – Ich lese viel, u.a. Gide, Green und neuerlich die dramat. Werke von Hauptmann. Und dazwischen arbeite ich im Garten. – Die Kinder gedeihen. Der Große, 3 ¼, ist ein frecher, gescheiter Lausejunge. Wir haben keine Filme mehr, sonst würde ich ein Bild beilegen. – Von Ihnen hätte ich gern mal wieder ein ganz neues Bild. Bitte. – Von Herzen alles Gute. Ihre alte Luise Rinser.

Kirchanschöring bei Salzburg / Oberbayern — 30. Juni 1943.

Lieber Herr Hesse, das war eine reiche Sendung. Allerherzlichsten Dank. Besonders erfreut hat mich natürlich das Bildchen mit dem frechen Backfischchen von Enkelin. Mit Vergnügen entdeckte ich, daß Sie sich auf den Fersen wiegen und übermütig aussehen können. Ich wußte zwar, daß Sie das früher konnten (woher ich das weiß, kann ich nicht mal sagen), aber daß Ihnen die Lust dazu auch jetzt noch nicht völlig abhanden kam, freut mich herzlich. Ich bin nämlich, wie alle etwas gefährdeten Leute, auch sehr gern lustig. Ich habs auch wieder gelernt seit dem letzten Jahr. Ich bekomme ganz langsam Verständnis für etwa die Chinesen. Auch lerne ich die Menschen sachlich betrachten (früher wertete ich immer, kritisierte, lehnte ab oder, in seltenen Fällen, bewunderte ich); nun aber sehe ich sie mir ruhig an in ihren Sonderbarkeiten. Selbst meine eigene schwierige dunkle Kindheit und verworrene Jugend bekommt von daher ein versöhnliches Gesicht. – Ich glaube, das ist das Zeichen dafür, daß die Jugend endgültig vorüber ist und daß ich innerlich endlich erwachsen bin. (Es dauerte länger als bei andern, scheint mir. Daß ich mit 23 Jahren noch nichts von den Vorgängen der Liebe wußte – buchstäblich – mag als Beweis und Kuriosum her stehen.) – Daß Sie „die Literatur an den Nagel gehängt haben", erschreckte mich beim ersten Lesen, dann aber begriff ich es voll und ganz. Ich selbst hänge natürlich am Schreiben jetzt wie an meinem Leben (ich bin ja mitten in meiner Roman-Arbeit!) aber ich verstehe, daß man es einmal satt hat. Ich habe oft ein großes Mißtrauen dagegen (gegen das Schreiben) und ich frage mich, wozu man die Beschwerlichkeit und die allen Nicht-Schreibenden so sonderbar erscheinenden tiefen verrückten Leiden des Dichtens auf sich nimmt. Für „Ruhm" schreibe ich nicht. Sie tatens auch nicht, wie ich Sie kenne. Für Geld? Schon eher. Ich habe gern Geld um viel ausgeben zu können, aber ich mag es auch ganz gern mal für eine Weile anhäufen, soweit bei mir davon die Rede sein kann. (Ich beziehe 120 M Unterstützung vom Reich. Das ist alles. Für das 1. Buch bekomme ich keine neue Auflage bewilligt, das 2. ungedruckt bei Suhrkamp und verschimmelt dort, das 3., nun, das wird vielleicht nie gedruckt werden, wer weiß ...) Also wofür? Zur „Selbstvervollkommnung"? Ach, ich weiß nicht. Das ist ein vager metaphysischer Trost, gleich dem, daß alles, was man schafft, seine Wellen in die Welt aussendet. –

Wozu also? Weil es mir hin und wieder Spaß macht. – Oder: weil ich nichts Besseres zu tun habe in der Zeit, die mir neben Haushalt und Kindern bleibt. – Oder – ach, ich weiß nicht. Und so sitzt man und schreibt und erträgt mit Eselsgeduld die Mühe. Romanschreiben ist sehr langwierig. Ich wundere mich, woher man die Langmut dazu nimmt! – Im übrigen lerne ich allmählich wirklich zu schreiben. Ich verbiete mir jeden Satz, der „bloß klingt". (In den „Gläsernen Ringen" stehen noch viele solche Sätze.) Ich arbeite diesmal richtig. Auf Stunden oder Minuten der Eingebung folgen Tage der mühseligsten Arbeit, wobei der von mir früher so schlecht beurteilte „Verstand" eine ziemliche Rolle spielt. Ich finde, die meisten Romane heutzutage sind sehr schlecht durchdacht und psychologisch unwahrhaftig. Ich mag oft gar nicht lesen. – Übrigens bereitet das, was jetzt erscheint, auch bei Peter Suhrkamp, keinerlei Freude. Gedichte gibt es, Gedichte – ich kann sie nicht lesen ohne wütend zu werden. Die Leute haben alle keinen Instinkt mehr dafür, daß sie nicht was machen dürfen, sondern erleben, schauen oder wie mans nennen will. Sie machen alle in Antike. Ich habe diese orphischen Gesänge satt bis oben hin, Sie auch? Lesen Sie noch? – Ich arbeite auch viel im Garten. Auch bei uns sind die Erdbeeren schon bald zuende. Ich hab viele in meinem geschützten Garten. Aber die Hasen, die wilden, aus dem Wald hinter dem Haus fressen mir Kohlrabi und Erbsen, und ich stehe händeringend da, und es ist [nicht][49] Schutzzeit. Auch täten sie mir leid, die Tiere. Sie sitzen da und machen Männchen und sind niedlich in all ihrer Frechheit, genau wie mein 3¼jähriger Christoph. Er ist so maßlos frech und ebenso süß, daß ich ganz hilflos bin, obwohl ich alle Sparten der Psychologie einstmals (und der Pädagogik) studiert habe von Fröbel bis Jung!

Ihr Haus ist schön. Ich stelle es mir farbig vor und bekomme Herzklopfen vor Sehnsucht nach dem Süden. Ach, wann endlich dürfen wir wieder einmal hinaus!

---

[49] Sicher bedauert die Schreiberin, dass Schutzzeit ist, denn sonst hätte der folgende Satz keinen Sinn.

Mögen Sie Jean Giono[50]? Bin ich eine Ketzerin, wenn ich ihn nicht ausstehen kann? Obwohl er streckenweise faszinierend schön ist. – Werden Sie daran denken, mir einmal, irgendwann, darauf zu antworten? – Ich schicke Ihnen mein 2. Büchlein (Vorabdruck)[51]. Es ist nicht gut, der Schluß ist – Verzeihung – sauschlecht. Ich weiß. Aber ich schriebs als ich ganz nah am Wahnsinn war während der Szenenzeit mit meinem Mann, und die Arbeit rettete mich – aber deshalb ists doch keine gute Arbeit. Der Roman wird (ist!) hundertmal besser. – Viele herzliche Grüße Ihre alte Luise Rinser.

[Ohne Ort und Datum]

Liebe Frau Rinser
Danke für Ihren Brief und für die Erzählung in der Zeitung[52]! Wir haben sie gelesen, und ich muß Ihnen Recht geben. Der Anfang, das ganze Gemälde der einsamen, unvertrauten, unheimlichen Situation ist ausgezeichnet, das könnte bei Green stehen. Aber die Liebesgeschichte und die Seelengeschichte des Majors schwimmt im Unklaren und wird nicht wahr.
Mit Giono geht es mir wie Ihnen, ich mag ihn durchaus nicht. Dies hemmungslose Drauflosfabulieren, dieses Schwelgen in Uebertreibungen und Aufgeblasenheiten, sagt mir wenig, obwohl ich den Kern von Dichterischem da und dort wohl spüre.
Wir reisen für 14 Tage fort, in das Ihnen aus der Morgenlandfahrt bekannte Bremgarten. Vorher wollte ich noch grüßen, damit es nicht versäumt wird.
Viele Grüße und gute Wünsche von Ihrem H. Hesse

---

[50] Jean Giono (1895–1970). Französischer Romancier und Erzähler.
[51] Möglicherweise handelt es sich um die im folgenden Brief erwähnte Erzählung *Der Major und Madeleine*. (Anm. CR)
[52] Siehe Anm. 31.

Kirchanschöring 14.12.43.
bei Laufen a.d.Salzach / Oberbayern

Lieber Herr Hesse, welche Freude: das „Glasperlenspiel" ist angekommen. Tausend Dank dafür. Ich habe es mit innerer Bewegtheit in die Hände genommen – ich war ja so traurig gewesen, als Herr Suhrkamp es wieder zurückschicken mußte. Ich freue mich sehr auf diese Lektüre, aber ich werde sie erst an Weihnachten beginnen, denn der „Josef Knecht" wird unterm Christbaum liegen. Übrigens ist „Glasperlenspiel" ein bezaubernder Titel, geradezu ein magischer Titel. Ich beneide Sie darum!
Dieser Brief soll außer dem Dank einen Weihnachtsgruß für Sie bringen: recht schöne Weihnacht – fernab von Bomben und derlei schwierigen Dingen. Zwar kann ich mich persönlich nicht beklagen: auch ich lebe „in Frieden" – bei meinem Waldhaus sagen sich Füchse und Hasen Gutenacht. Aber doch läßt uns alle hier der Krieg nicht zur inneren Ruhe kommen.
Ich habe viel gearbeitet dies Jahr. Ich bin nämlich noch in jenem Alter, das Sie längst überwunden haben, Sie Glücklicher – in dem man glaubt, das Leben sei zu kurz als daß wir all das schreiben könnten, was man schreiben will. Mein Roman ist fertig, er geht morgen an Suhrkamp ab, der Verlag steht ja noch. Herrn Suhrkamps schöne Turmwohnung allerdings ist verbrannt, auch die deutsche Bank mit dem Geld von uns armen Autoren!! – Kürzlich war ich in Freiburg im Breisgau und, da ich so nah der Grenze war, dachte ich mit recht großer Sehnsucht an einen Sprung über diese Grenze und zu Ihnen. – Am 10. Januar werde ich heiraten, im Salzburger Dom mit einer Mozartmesse (D-Dur). Mein Mann, selber Schriftsteller, hat kürzlich bei mir Ihren „Steppenwolf" entdeckt und zu meiner größten Freude mit Begeisterung gelesen. Er wird Ihnen wohl einmal darüber schreiben. – Ich bin recht gestört beim Schreiben – wir sitzen zu Vieren in der Küche um den Herd – ein Schriftsteller mit Schreibmaschine, einer ohne, ein spielendes Kind, eine Frau die kocht – wir haben seit Monaten keine Kohlen und verschüren unser letztes Holz. Wenn es zuende

ist, was dann? Ich weiß nicht. Doch ich weiß, daß das Leben immer weitergeht.
Ihnen recht schöne Weihnacht – in sehr herzlichem Gedenken
Ihre Luise Rinser.

Liebe Frau Rinser

Ihr Weihnachtsgeschenk, das hübsche Gespräch über den Dichter, mit jenem Basaroff[53], bei dem mir meine Jünglingszeit und die erste Lektüre von Turgenjew einfiel, ist mir in die Kur nach Baden nachgereist und hier gelesen worden. Haben Sie schönen Dank.
Ich hoffe, es kommen auch meine Gaben bei Ihnen an, eine Drucksache mit einem ungewöhnlich schönen Essay über die Gedichte, und mein neues Buch.
Von Freund Suhrkamp erfuhr ich, dass er seine Wohnung und Habe verloren hat, dass aber der Verlag noch stand. Inzwischen ist freilich auch schon wieder dies und das passiert.
Möchte es Ihnen erträglich gehen und möchten Sie arbeiten können. Das ist immer noch das beste Mittel um sich etwas immun zu machen gegen die Weltpest.
Für mich existiert dies Mittel seit bald zwei Jahren, seit dem Fertigwerden des Jos. Knecht, nicht mehr; ich habe seither keine Zeile mehr geschrieben. Dafür aber kommt mir eine gewisse Gleichgiltigkeit und Wurstigkeit zuhilfe, eine Gabe der Senilität, die nicht zu unterschätzen ist.
Seien Sie herzlich gegrüsst von Ihrem H. Hesse

---

53 *Basaroff:* Gestalt aus dem Roman *Väter und Söhne* des russischen Erzählers Iwan Turgeniew.

Kirchanschöring
bei Laufen a.d.Salzach, Oberbayern (13b) 8. Juni 1944.

Lieber Herr Hesse, ich bin Ihnen sehr lange einen Brief schuldig geblieben. Auf einen meiner allerletzten schönen Briefbogen (ich hoffe nun bald neues zu bekommen!!) will ich Ihnen aber nun schreiben, und dieser Brief soll Ihnen zugleich mit andern Nachrichten meine herzlichsten Wünsche zu Ihrem Geburtstage bringen. Frühzeitig, wie immer, wie seit Jahren – damit mein Brief nicht in den Stoß der übrigen Geburtstagsbriefe gerät. Purer Egoismus. – Vor Weihnachten bekam ich Ihr Glasperlenspiel. Ich habe lange gezögert es zu lesen. Ich wußte nicht genau warum. Aber nun habe ich es gelesen. – Sie haben einen Dichterpreis dafür bekommen, hörte ich. Was kann ich weiter dazu sagen. Es ist ein schwieriges und wundervolles Buch. Schwierig nur, weil wir solche Bücher nicht mehr gewöhnt sind, nicht mehr erwarten. – Ich habe selten so das Gefühl gehabt – wie soll ich das genau sagen – das Gefühl von künstlerischer Reinheit. – Und dann kommt die Frage: Gehört ein Buch von solcher Art und solchem Rang einer vergangenen Welt an? Wird es einbezogen werden können in das, was nun kommen wird? – Für Sie ist diese Frage nicht mehr wichtig. Aber für uns. – Für uns ist endlich der dumpfe Druck der Erwartung gewichen. Das politische Geschehen beansprucht augenblicklich alle unsere Gedanken. – Wenn ich aus dem Fenster schaue: hohe Wiesen, kurz vor dem Mähen, mein mühselig gepflegter Garten, die Hügel voller Getreidefelder, – dann begreife ich nicht, daß Krieg ist. So lange, und so nah, und von solcher Kraft der Entscheidung für jeden einzelnen von uns. Glauben Sie, daß ich in einem der nächsten Jahre doch noch nach Montagnola komme? Ich glaube es. Lassen Sie mir meinen Traum. – Ich bin sehr fleißig, um die Zeit auszufüllen, die Wartezeit, und außerdem macht es mir Freude. Mein fertiger Roman liegt am Propagandaministerium und wartet auf Druckerlaubnis. Der erste Band eines Kinderbuchs (Reise durch Deutschland) für den Atlantis-Verlag ist fertig und liegt in Zürich. Ich schreibe kleinere Sachen. Etwas

davon möchte ich Ihnen gelegentlich schicken. Darf ich? (Es ist kurz.) Ich habe vor, eine Biographie der Anna Luise Karschin[54] zu schreiben. Das 18. Jahrhundert war doch eine sehr lebendige, interessante Zeit. – Und Sie schreiben nun nicht mehr? Aber Gedichte doch? Übrigens ist nie Ihre angekündigte u. abgesandte Gedichtsendung bei mir angekommen. Ich bedauere es so sehr. – Ich war kürzlich im Fichtelgebirge und Erzgebirge, in Marienbad auch und in Karlsbad, und in vielen anderen Städten, und überall fand ich ohne daß ich suchte Goethes Spuren. –
Meine Briefe an Sie machen mich immer unglücklich. Ich möchte Ihnen so vieles sagen und es geht nicht so im Brief. Aber ich werde Sie sehen. Und dann werden Sie mir eine halbe Stunde (ist das viel?) schenken. – Im übrigen geht es mir gut. Endlich habe ich den Mann gefunden, der begreift, daß ich ebenso sehr eine „Intellektuelle" wie eine Frau bin. Ich gedeihe dabei! – Während ich schreibe, „fällt Blatt um Blatt" (das ist eine Zeile aus einem Ihrer schönsten Gedichte – aber ich wollte anders weiterfahren) – von einer riesigen roten Päonie ab, die vor mir steht. Ein sonderbar bannender Anblick ist das. – Schreiben Sie mir bitte ein paar Zeilen. Immer Ihre Luise Rinser.

[Ohne Ort und Datum]
Liebe Frau Rinser Ich beantworte Ihren lieben Brief und Glückwunsch mit dem einzigen Gedicht, das ich seit zwei Jahren geschrieben habe. Lieb ist es mir, dass Sie mein Buch[55] gelesen haben; völlig vergeblich hätte ich es doch nicht gern geschrieben. Ihre Vermutungen, ob das Buch einer vergangenen Welt angehöre, also keinen Sinn mehr habe, kann ich verstehen. Die Druckerlaubnis in Berlin wenigstens hat es ja nicht bekommen, und

---

[54] Anna Luise Karschin – auch Anna Louisa Karsch - * 1.12.1722 in Hammer, † 12.10.1791 in Berlin

[55] *Das Glasperlenspiel.*

wenn ich es mit den Sachen vergleiche, die mir der Verlag Suhrkamp je und je schickt, welche also jene Erlaubnis erhalten haben, dann finde ich auch, sie seien aus einer anderen Zeit und Welt als ich und gehen mich gar nichts an.
Wenn von Ihnen wieder Gedrucktes da ist, so bitte ich drum. Auch die Karschin wird mich interessieren. Allerdings ist das 18. Jahrhundert, mit unsrer primitiven Epoche verglichen, mehr als interessant und reich, es ist ein Urwald von Formen, Bildern und Möglichkeiten.
Addio, herzliche Grüße von Ihrem H. Hesse

Kirchanschöring
bei Laufen a.d.Salzach, Oberbayern (13b) 23. Juli 1944.

Lieber Herr Hesse, ich danke Ihnen tausendmal für die beiden Geschenke („Zwischen Sommer und Herbst" und Gedicht samt Brief.) Das Gedicht ist so schön, ich werde nicht müde es immer wieder zu lesen und für alle meine Freunde abzuschreiben. Es hat etwas Magisches für mich wie alles Vollkommene. Damit haben Sie ganz sicher jene Stufe erreicht, nach der wir alle uns sehnen: die letzte Einfachheit. Ich habe seit der Scheidung von meinem ersten Mann nicht mehr geweint, wozu auch, aber bei diesem Gedicht mußte ich es tun, genauso unweigerlich wie bei der Stelle im Fidelio „Süße Tränen, bittre Tränen". Das ist immer dann, wenn das stärkste Leiden, die bitterste Qual des Lebens sich auflöst in Frieden, und – das ist wichtig – wenn immer noch die Leidenschaft zum Leben (von fern, aber unverkennbar) durchleuchtet. – Man könnte Sie beneiden (nicht nur um das Gedicht) sondern darum, daß Sie schon „jenseits" zu leben vermögen. Wir sind noch hier. Wir sind mitten drin. Aber ich bin – trotz allem Schrekken – gerne mitten drin. Ich warte auf die Zukunft. Unsere Kraft ist noch nicht verbraucht – trotz der Bücher, die unser guter Suhrkamp herausbringt. Ach ja – entre nous – die gehen mich nichts mehr an. Wasfür Zeug. Reaktionär bis dorthinaus. Und die größten Plattheiten, die stickigsten Bürgerlichkeiten gehen einher in

Goetheschen Prunkgewändern. Es ist nicht zum Aushalten. Lesen Sie das denn alles? – Ich bespreche nun häufig Bücher für die Kölnische Zeitung. Meist ist nichts Besonderes dabei. Aber kürzlich fand ich etwas ungewöhnlich Starkes, von einer Italienerin Maria Chiapelli „L'oca minore", übersetzt als „Stimmen in der Stille". – Und lesen Sie die ausgezeichnete Novelle von Stefan Andres „Wir sind Utopia", aus der spanischen Revolution? – Daß das Schicksal unserem Freund Suhrkamp übel mitspielt, wissen Sie sicher. – Kürzlich hat der Hagel meinen Garten zerschlagen, es war recht traurig. – Meine Bücher (ein Roman bei Suhrk. und ein Jugendbuch für den Atlantis-Verlag) müssen auch recht lang auf Papierbewilligung warten. Wenn schon. Was liegt mir an meinen Büchern in dieser Zeit!! In diesem prosaischen Jahrhundert - -
Kürzlich zeigte mir ein Freund, der Glocken sammelt, voller Stolz eine Neuerwerbung mit einer ungemein ehrwürdig anmutenden russischen Inschrift. Er vermutete einen heiligen Spruch. Was stand darauf? „Glocke der Kommissarin Maria X." – Und weil ich schon bei den „Kurznachrichten" bin: kürzlich bekam mein Ältester Schokolade (er ist 4 ½). Er wollte sie nicht essen, denn er kannte keine Schokolade.
Wie geht es Ihnen? Davon schreiben Sie nichts. Was machen Ihre armen Augen? – Und ich werde es doch noch erleben, daß mich diese Augen anschauen, und wenn es nur für fünf Minuten ist. Seit acht Jahren – oder sind es neun? – liebe ich sie schon.
Tausend Grüße Ihre Luise R.-H.[56]

o. Ort, o. Datum, etwa Sept. 1944

Liebe Frau Rinser
Schon lang wollte ich Ihnen für Ihren Brief danken und Sie namentlich bitten, mir doch alles zu schreiben, was Sie von

---

[56] Rinser-Herrmann; der zweite Ehemann hieß Klaus Herrmann.

Suhrkamp wissen. Doch komme ich zur Zeit nicht recht ans Briefschreiben, das Befinden ist schlecht, die häuslichen Sorgen äußerst lästig, und fast jede Post bringt üble Nachrichten.

Aber vorher hatte ich mit meiner Frau noch eine kurze sehr schöne Zeit, zu Gast im alten Schlösschen Bremgarten bei Bern, da waren wir die beiden ersten Wochen des August, zwei dort entstandene Gedichte schickte ich Ihnen. Sogar eins der Bremgartener Feste durften wir noch erleben, am letzten Abend uns gegeben. Da wurde im schönen Rokokosaal herrliche Musik aufgeführt, es kamen, hinter meinem Rücken eingeladen und für mich überraschend, auch auswärtige Freunde für ein paar Stunden her, wir saßen bei Wein und Kerzen bis Mitternacht in der offenen Halle. Zwei meiner Söhne mit ihren Frauen waren dabei, und Freund Louis der Grausame, und die „Siamesen" aus der „Nürnberger Reise", Kapellmeister und Sänger waren auch alte Freunde von mir.

Da ich sonst nichts habe, schicke ich Ihnen heut etwas Kurioses mit, ein Gedicht, das ich als Knabe geschrieben habe und das mir diesen Sommer durch einen Zufall wieder zu Gesicht kam. Überstehen Sie das Chaos, und seien Sie herzlich gegrüßt von Ihrem H. Hesse

Kirchanschöring
bei Laufen / Oberbayern 3. April 1946.

Lieber Herr Hesse, gleich an dem Tag, an dem es sicher war, dass wir wieder Briefe ins Ausland schreiben dürfen, habe ich Ihnen geschrieben. Einen langen Brief. Aber dann las ich, dass wir nur private „familiäre" Dinge schreiben dürfen, und ich glaube, mein Brief enthielt viel mehr als das. Ich habe Ihnen unsere geistige Situation geschildert, dieses ungewisse zwischen-zwei-Welten-Schweben, zwischen Ost und West, (kulturell gesehen), zwischen Vergangenheit und Zukunft – es ist vieles sehr neu jetzt, und die meisten begreifen <u>gar nichts.</u> Ich spare den langen Brief jetzt noch auf, um die Zensur nicht zu ärgern, und berichte nur Persönliches.

– In diesen Tagen ist mein „Gefängnis-Tagebuch“[57] erschienen. Ich denke, ein Exemplar wird Ihnen bald zugehen. Sie müssen es nicht lesen. Als Zeitdokument aber ist es ganz interessant. Ich habe übrigens nachträglich erfahren, dass ich wahrscheinlich zum Tod verurteilt war – der Urteilsspruch ist durch die Durchschneidung der Bahn zwischen Berlin und Bayern nicht mehr vom Volksgerichtshof hierher gekommen. – Ach lieber Herr Hesse – seit dem Tag, an dem die ersten „Amis“ hier vorüberfuhren, war ich nicht mehr so glücklich darüber, dass der ganze böse Spuk vorüber ist, wie in diesen Tagen, da man wieder mit dem Ausland in Verbindung treten kann. Ich kann Ihnen endlich wieder schreiben! Elf Jahre alt ist unser Briefwechsel nun! Glauben Sie, dass wirklich einst der Tag kommen wird, an dem ich in die Schweiz kann? Wir haben viele Bekannte dort und ein Manuskript von mir liegt noch im Atlantis-Verlag. – Es ist Frühling, es ist warm und man vergisst bisweilen, dass es uns nicht gut geht. Das heisst: uns persönlich geht’s nicht schlecht. Wir haben Arbeit, schreiben für die Neue Zeitung, machen Neu-Herausgaben von Heine, Büchner (mein Mann) und von Flaubert, Thackeray, Pestalozzi (ich), meine Bücher werden gedruckt, mein Mann verhandelt mit Theatern seiner Stücke wegen; und wir wohnen immer noch in unserem winzigen Haus in der Einöde und sind selig darüber, dass keine Gestapo mehr unsre Schritte belauert und abends vor den Fenstern steht. Bisweilen ärgern wir uns über die Dummheit der Menschen, die glaubt [*glauben*?], sich die muffige alte Welt wieder aufbauen zu können, und die nicht begreifen wollen, dass das nicht mehr geht. Ich selbst habe durch das Gefängnis viel gelernt, und bürgerliche Kümmernisse bedrücken mich nicht mehr. Wir leben, das ist genug, denn wenn wir leben, denken und fühlen wir auch, und zwar beides intensiv – und wenn wir dazu noch ein Dach überm Kopf haben und genügend

---

[57] Zinnen Verlag, München 1946.

Kartoffeln und Brot, dann haben wir (für den Augenblick) genug. Manchmal haben wir Sehnsucht nach viel Wärme, viel Wein, viel Zigarretten und viel alter Kultur – aber es geht auch so. – Unser armer Freund Suhrkamp scheint an seinem Gefängnis-Erlebnis zerbrochen zu sein. Er flüchtet in erhabenen Ästhetizismus. – Wie gut war es, dass Sie in diesen Jahren oft einen (für mich zuletzt so gefährlichen) Gruss über die Grenze schickten! Manchmal war es kaum mehr zu ertragen. Und ich durfte Ihnen kein Wort von all dem schreiben, wie es mir ging! – Aber jetzt ist Frühling und (vielleicht) Frieden! Schreiben Sie mir, bitte, wieder. Wie geht's Ihnen? Erzählen Sie mir davon.
Ihre Luise Rinser-H.

Ein Brief nach Deutschland

Offener Brief an Luise Rinser[58]

Merkwürdig ist das mit den Briefen aus Ihrem Lande! Viele Monate lang bedeutete für mich ein Brief aus Deutschland ein überaus seltenes und beinahe immer ein freudiges Ereignis. Es brachte die Nachricht, daß irgendein Freund noch lebe, von dem ich lange nichts mehr erfahren und um den ich vielleicht gebangt hatte. Und er bedeutete eine kleine, freilich nur zufällige und unzuverlässige Verbindung mit dem Lande, das meine Sprache sprach, dem ich mein Lebenswerk anvertraut hatte, das bis vor einigen Jahren mir auch mein Brot und die moralische Rechtfertigung für meine Arbeit gegeben hatte. Ein solcher Brief kam immer überraschend, immer auf wunderlichen Umwegen, er anthielt kein Geschwätz, nur Wichtiges, war oft in großer Hast während der Minuten geschrieben, in denen ein Rotkreuzwagen oder ein Rückwanderer darauf wartete, oder er kam, in Hamburg, Halle oder Nürnberg geschrieben, nach Monaten auf dem Umweg über Frankreich oder Amerika, wohin ein freundlicher Soldat ihn bei seinem Heimaturlaub mitgenommen hatte.

---

58 Zuerst abgedruckt in der „National-Zeitung" Basel vom 26. 4 1946.

Dann wurden die Briefe häufiger und länger, und hinzu kamen sehr viele aus den Kriegsgefangenenlagern aller Länder, traurige Papierfetzchen aus den Stacheldrahtlagern in Ägypten und Syrien, aus Frankreich, Italien, England, Amerika, und unter diesen Briefen waren schon viele, die mir keine Freude machten und die zu beantworten mir bald die Lust verging. In den meisten dieser Gefangenenbriefe wurde sehr geklagt, es wurde auch bitter geschimpft, es wurde Unmögliches an Hilfe verlangt, es wurde höhnisch an Gott und Welt Kritik geübt und zuweilen geradezu mit dem nächsten Krieg gedroht. Es gab edle Ausnahmen, doch waren sie selten. Im übrigen sprachen sie nur von dem, was sie erleiden mußten, und klagten bitter über die Ungerechtigkeit der langen Gefangenschaft. Vom anderen, von dem, was sie als deutsche Soldaten jahrelang der Welt angetan hatten, war nie mit einem Wort die Rede. Mir fiel dabei immer ein Satz aus einem deutschen Kriegstagebuch aus der Zeit des Einmarsches in Rußland ein. Der Autor, im übrigen harmlos und leidlich frei von Nazimentalität bekannte darin, daß der Gedanke ans Sterbenmüssen freilich jeden Soldaten nicht wenig beschäftige, während das andere, das Tötenmüssen, lediglich eine „taktische" Frage sei. Alle diese Briefschreiber gaben Hitler preis, keiner war mitschuldig.

Ein Gefangener in Frankreich, kein Kind mehr, sondern ein Industrieller und Familienvater, mit Doktortitel und guter Bildung, stellte mir die Frage, was denn nach meiner Meinung ein gutgesinnter, anständiger Deutscher in den Hitlerjahren hätte tun sollen? Nichts habe er verhindern, nichts gegen Hitler tun können, denn das – wäre Wahnsinn gewesen, es hätte ihn Brot und Freiheit gekostet, und am Ende noch das Leben. Ich konnte nur antworten: Die Verwüstung von Polen und Rußland, das Belagern und dann das irrsinnige Halten von Stalingrad bis zum bittern Ende sei vermutlich nicht ganz ungefährlich gewesen, und doch hätten die deutschen Soldaten es mit Hingabe getan. Und warum sie denn Hitler erst von 1933 an entdeckt hätten? Hätten sie ihn nicht zum mindesten seit dem Münchener Putsch kennen müssen? Warum sie denn die einzige erfreuliche Frucht des ersten Weltkrieges, die deutsche Republik, statt sie zu stützen und zu pflegen, fast einmütig sabotiert, einmütig für Hindenburg und später für Hitler gestimmt hätten, unter dem es dann allerdings lebensgefährlich geworden sei, ein anständiger Mensch zu sein? Ich erinnerte solche Briefschreiber auch gelegentlich daran, daß das deutsche Elend ja nicht erst mit Hitler begonnen habe, und daß schon im Sommer 1914 der trunkene Jubel des Volkes über Österreichs gemeines Ultimatum an Serbien eigentlich manchen hätten aufwecken können. Ich erzählte, was Romain Rolland, Stefan Zweig, Franz Masereel, Annette Kolb und ich in jenen Jahren durchzukämpfen und zu erleiden hatten. Aber darauf ging keiner ein, sie wollten überhaupt keine Antwort hören, keiner wollte wirklich disputieren, wirklich an irgendein Lernen und Denken gehen.

Oder es schrieb mir ein ehrwürdiger greiser Geistlicher aus Deutschland, ein frommer Mann, der unter Hitler sich tapfer gehalten und vieles erduldet hatte: erst jetzt habe er meine vor fünfundzwanzig Jahren geschriebenen Betrachtungen aus dem ersten Weltkrieg gelesen, und müsse ihnen als Deutscher und als Christ Wort für Wort beistimmen. Aber ehrlicherweise müsse er auch sagen: wären diese Schriften ihm damals, als sie neu und aktuell waren, unter die Augen gekommen, so hätte er sie entrüstet weggelegt, denn er sei damals, wie jeder anständige Deutsche, ein strammer Patriot und Nationalist gewesen.

Häufiger und häufiger wurden die Briefe, und jetzt, seit sie wieder mit der gewöhnlichen Post kommen, läuft mir Tag um Tag eine kleine Sintflut ins Haus, viel mehr als gut ist und als ich lesen kann. Doch sind es zwar Hunderte von Absendern, aber im Grunde doch nur fünf oder sechs Arten von Briefen. Mit Ausnahme nämlich der ganz wenigen ganz echten, ganz persönlichen und unwiederholbaren Dokumente dieser großen Notzeit – und zu diesen wenigen gehört als einer der besten Ihr lieber Brief – sind diese vielen Schreiben Ausdruck bestimmter, sich wiederholender, oft allzu leicht erkennbarer Haltungen und Bedürfnisse. Sehr viele von ihren Verfassern wollen bewußt oder unbewußt teils dem Adressaten, teils der Zensur, teils sich selber ihre Unschuld am deutschen Elend beteuern, und nicht wenige haben ohne Zweifel gute Ursache zu diesen Anstrengungen.

Das sind nun zum Beispiel alle jene alten Bekannten, die mir früher jahrelang geschrieben, damit aber in dem Augenblick aufgehört hatten, wo sie merkten, daß man sich durch Briefwechsel mit mir, einem Wohlüberwachten, recht Unangenehmes zuziehen könne. Jetzt teilen sie mir mit, daß sie noch leben, daß sie stets warm an mich gedacht und mich um mein Glück, im Paradies der Schweiz zu leben, beneidet hätten, und daß sie, wie ich mir ja denken könne, niemals mit diesen verfluchten Nazis sympathisiert hätten. Es sind aber viele dieser Bekenner jahrelang Mitglieder der Partei gewesen. Jetzt erzählen sie ausführlich, daß sie in all diesen Jahren stets mit einem Fuß im Konzentrationslager gewesen seien, und ich muß ihnen antworten, daß ich nur jene Hitlergegner ganz ernst nehmen könne, die mit *beiden* Füßen in jenen Lagern waren, nicht mit einem im Lager, mit dem andern in der Partei. Auch erinnerte ich sie daran, daß wir hier im „Paradies“ der Schweiz während der Kriegsjahre jeden Tag mit dem freundnachbarlichen Besuch der braunen Teufel haben rechnen müssen, und daß in unserem Paradiese auf uns Leute von der schwarzen Liste schon die Gefängnisse und Galgen warteten. Immerhin gebe ich zu, daß je und je die Neuordner Europas uns schwarzen Schafen auch lockende Köder hingehalten haben. So wurde ich noch ziemlich spät zu meinem Erstaunen durch einen Miteidgenossen und Kollegen mit bekanntem Namen eingeladen, auf „seine“ Kosten nach Zürich zu kommen, um mit ihm meine Aufnahme in den vom Ministerium Rosenberg gegründeten Bund der europäischen Kollaborationisten zu besprechen.[59]

Dann gibt es treuherzige alte Wandervögel, die schreiben mir, sie seien damals, so etwa um 1934, nach schwerem innerem Ringen in die Partei eingetreten, einzig um dort ein heilsames Gegengewicht gegen die allzu wilden und brutalen Elemente zu bilden und so weiter.

Andere wieder haben mehr private Komplexe und finden, während sie im tiefen Elend leben und von wahrlich wichtigeren Sorgen umgeben sind, Papier und Tinte und Zeit und Temperament im Überfluß, um mir in langen Briefen ihre tiefe Verachtung für Thomas Mann auszusprechen und ihr Bedauern oder ihre Entrüstung darüber, daß ich mit einem solchen Manne befreundet sei.

Und wieder eine Gruppe bilden jene, die offen und eindeutig all die Jahre mit an Hitlers Triumphwagen gezogen haben, einige Kollegen und Freunde aus früheren Zeiten her. Sie schreiben mir jetzt rührend freundliche Briefe, erzählen mir eingehend von ihrem Alltag, ihren Bombenschäden und häuslichen Sorgen, ihren Kindern und Enkeln, als wäre nichts gewesen, als wäre nichts zwischen uns, als hätten sie nicht mitgeholfen, die Angehörigen und Freunde meiner Frau, die Jüdin ist, umzubringen und mein Lebenswerk zu diskreditieren und schließlich zu vernichten. Nicht einer von ihnen schreibt, er bereue, er sehe die Dinge jetzt anders, er sei verblendet gewesen. Und auch nicht einer schreibt, er sei Nazi gewesen und werde es bleiben, er bereue nichts, er stehe zu seiner Sache. Wo wäre je ein Nazi zu seiner Sache gestanden, wenn diese Sache schiefging?! Ach, es ist zum Übelwerden.

Eine kleinere Zahl von Briefschreibern erwartet von mir, ich solle mich heute zu Deutschland bekennen, solle hinüberkommen, solle an der Umerziehung mitarbeiten. Weit größer aber ist die Zahl derer, die mich auffordern, draußen in der Welt meine Stimme zu

---

59 Es handelte sich bei diesem Kollegen um den Schweizer Romancier John Knittel (1891–1970), der Hesse für die nazistische „Europäische Schriftstellervereinigung“ zu gewinnen suchte.

erheben und als Neutraler und als Vertreter der Menschlichkeit gegen Übergriffe oder Nachlässigkeiten der Besetzungsarmeen zu protestieren. So weltfremd, so ohne Ahnung von der Welt und Gegenwart, so rührend und beschämend kindlich ist das!

Wahrscheinlich kommt Ihnen all dieser teils kindliche, teils bösartige Unsinn gar nicht erstaunlich vor, wahrscheinlich kennen Sie all das besser als ich. Sie deuten ja an, daß Sie mir einen langen Brief über die geistige Situation in Ihrem Lande geschrieben haben, ihn aber aus Zensurgründen zurückbehielten. Nun, ich wollte Ihnen nur einen Begriff davon geben, womit jetzt die größere Hälfte meiner Tage und Stunden ausgefüllt ist, und wollte damit auch erklären, warum ich diesen Brief an Sie drucken lasse. Ich kann nämlich die Haufen von Briefen, von denen die meisten ohnehin Unmögliches verlangen und erwarten, natürlich nicht beantworten, und doch sind unter jenen Briefen solche, denen mich ganz zu entziehen mir nicht erlaubt schiene. Ihren Verfassern werde ich nun diesen gedruckten Brief schicken, schon weil sie alle so wohlmeinend und besorgt nach meinem Ergehen fragen.
Ihr lieber Brief nun ist in keiner Kategorie unterzubringen, er enthält nicht ein einziges schabloniertes Wort, und enthält – wunderbar im heutigen Deutschland! – nicht ein Wort der Klage oder Anklage. Er hat mir außerordentlich wohlgetan, Ihr guter, kluger und tapferer Brief, und was er über Ihr eigenes Schicksal enthält, hat mich tief bewegt. So sind also auch Sie, wie unser treuer Freund[60], lange Zeit bewacht, bespitzelt, in die Kerker der Gestapo gesteckt, und sogar zum Tode verurteilt worden! Ich bin beim Lesen tief erschrocken, um so mehr als auch meine Briefe, trotz aller Vorsicht, Sie mitbelastet haben, aber eigentlich überrascht haben Ihre Nachrichten mich nicht. Denn ich hatte mir Sie niemals mit dem einen Fuß im Gefängnis oder Lager, mit dem

[60] Peter Suhrkamp, der Luise Rinsers erstes Buch *Die gläsernen Ringe* publiziert hat.

andern aber in der Partei vorgestellt, sondern habe nie daran gezweifelt, daß Sie tapfer und wach, wie es Ihren hellen Augen und Ihrer Klugheit zukommt, auf der richtigen Seite standen.[61] Und da waren Sie freilich in schwerster Gefahr.
Sie sehen, ich kann mit der Mehrzahl meiner deutschen Korrespondenten wenig anfangen. Es ist manches ähnlich wie einst am Ende des ersten Weltkrieges, und ich bin freilich heute auch älter und mißtrauischer als ich damals war. So wie heute alle meine deutschen Freunde in der Verurteilung Hitlers einig sind, so waren sie es damals, bei der Gründung der deutschen Republik, in der Verurteilung von Militarismus, Krieg und Gewalt. Man fraternisierte allgemein, etwas spät aber herzlich, mit uns Kriegsgegnern, Gandhi und Rolland wurden beinahe wie Heilige verehrt. „Nie wieder Krieg!" hieß das Schlagwort. Aber einige Jahre später konnte Hitler schon seinen Münchener Putsch wagten. So nehme ich denn die heutige Einmütigkeit im Verdammen Hitlers nicht allzu ernst, und sehe in ihr nicht die mindeste Gewähr für eine politische Sinnesänderung oder auch nur für eine politische Erkenntnis und Erfahrung. Ernst, sehr ernst aber nehme ich die Sinnesänderung, die Läuterung und Reife jener Einzelnen, denen in der ungeheuren Not, in dem glühenden Martyrium dieser Jahre sich der Weg nach Innen, zur Selbstkritik, der Weg ins Herz der Welt, der Blick in die zeitlose Wirklichkeit des Lebens geöffnet hat. Diese Erwachten haben das große Geheimnis ganz ähnlich gespürt und erlebt und erlitten, wie ich es einst in den bitteren Jahren nach 1914 erlebt habe, nur geschah es unter viel größerem Druck, unter härteren Leiden, und ohne Zweifel sind unzählige auf dem Weg zu diesem Erlebnis und Erwachen zusammengebrochen und erlegen, ehe sie die Reife erreichen konnten.
Hinter dem Stacheldraht eines Gefangenenlagers in Afrika schreibt mir ein deutscher Hauptmann von Erinnerungen an Dostojewskis „Totenhaus" und an Siddharta, von seinem Streben, inmitten eines

---

[61] Dass Hesse Luise Rinser etwas zu positiv sah, wissen wir spätestens seit der Biografie Luise Rinsers von JOSÉ SÁNCHEZ DE MURILLO, *Luise Rinser. Ein Leben in Widersprüchen*, Frankfurt/M. 2011, bes. 75-109.

erbarmungslosen Lebens, das kein Alleinsein auch nur für Minuten erlaubt, den Pfad der Versenkung zu gehen und ins Innen zu gelangen, „ohne daß der Wille zum Ausscheiden aus allen Vordergründen endgültig würde". Oder eine ehemalige Gefangene der Gestapo schreibt: „Ich habe durch das Gefängnis viel gelernt, und bürgerliche Kümmernisse bedrücken mich nicht mehr." Das sind positive Erfahrungen, sind Zeugnisse wirklichen Lebens, und ich könnte solcher Worte noch viele anführen, wenn ich die Zeit und Augenkraft hätte, all diese Briefe nochmals durchzulesen.

Ihre Frage nach meinem Ergehen ist rasch beantwortet. Ich bin alt und müde geworden, und die Zerstörung meines Werkes, begonnen durch Hitlers Ministerien und restlos vollendet durch die amerikanischen Bomben, hat meinen letzten Jahren den Grundton von Enttäuschung und Kummer gegeben. Daß über diesem Grundton dennoch manche kleine Melodie noch möglich ist, und ich zu manchen Stunden auch jetzt noch im Zeitlosen zu leben vermag, ist mein Trost. Damit etwas von meinem Werk übrigbleibe, mache ich von Zeit zu Zeit von irgendeinem seit Jahren fehlenden Buch einen Schweizer Neudruck; es ist nicht viel mehr als eine Geste, denn diese Drucke existieren natürlich nur für die Schweiz.

Alter und Verkalkung machen Fortschritte, manchmal will das Blut nicht mehr so richtig durchs Gehirn laufen. Aber diese Übel haben schließlich auch ihre gute Seite: man nimmt nicht mehr alles so deutlich und heftig auf, man hört an vielem vorbei, man spürt manchen Hieb oder Nadelstich überhaupt nicht mehr, und ein Teil des Wesens, das einst Ich hieß, ist schon dort, wo bald das Ganze sein wird.

Zu den guten Dingen, für deren Aufnahme und Genuß ich noch Organe habe, die mir noch Freude machen und das Dunkle übertönen können, gehören die seltenen, aber eben doch vorhandenen Zeichen für das Weiterleben eines echten geistigen

Deutschland, die ich nicht in der Betriebsamkeit der jetzigen Kulturmacher und Konjunkturdemokraten Ihres Landes suche und finde, sondern in solchen beglückenden Äußerungen der Entschlossenheit, Wachheit und Tapferkeit, der illusionslosen Zuversicht und Bereitschaft, wie Ihr Brief eine ist. Dafür sage ich Ihnen meinen Dank. Hütet den Keim, bleibt dem Licht und Geiste treu. Ihr seid sehr wenige, aber vielleicht das Salz der Erde.

[Die folgenden Zeilen sind geschrieben auf eine Kopie des unten – S. 99 – stehenden Textes „Statt eines Briefes" von Ende Juli 1946.]
Liebe Frau Rinser
Irgend einmal werde ich Ihnen vielleicht auch wieder schreiben können. Vorläufig nicht. Ich habe auch 3 Gäste. Ueber Ihren Gefängnisbericht hörte ich von 2 Lesern Gutes, doch ist er in unser Land noch nicht gedrungen. Herzlichste Grüße
von Ihrem H. Hesse

Kirchanschöring, 25. Mai 1946

Lieber Herr Hesse, ich bin sehr glücklich über Ihren Brief und über alles, was sonst von Ihnen kam in den letzten Wochen. Ihre Gedichte sind erschütternd schön. Eine sehr dunkle Musik! Aber eine vollkommen schöne Musik. Ich bin nicht sentimental, aber über Ihre Gedichte weinte ich (das tat ich lange nicht mehr, es sei denn aus Zorn über alles, was in den letzten Jahren geschah!) Ihre Hinneigung zum Tod ist mir so vertraut. Ich lebe mitten im Leben und bin eigentlich glücklich, aber der Gedanke an den Tod ist immer in mir. Nicht als angstvolle Hemmung des Lebens, sondern als Begleitmusik, die zum Leben gehört und ohne die das Leben nicht voll wäre. Schon als Kind träumte ich oft vom Sterben, später auch wieder. Ich <u>weiss</u>, wie der sehr schmerzhafte Augenblick der Erlösung ist, und ich <u>weiss</u>, wie der erste Augenblick der Befreitheit ist. Ich freue mich darauf und kann nicht begreifen, dass jemand Angst hat davor oder dass viele Leute den Tod einfach ignorieren während des Lebens. Sie berauben sich eines wichtigen Antriebs, eines wunderbaren Bereichs des Lebens. Für mich wird der Tod noch kein Auslöschen sein. So weit werde ich nicht gelangen in diesem Leben. Aber er wird eine sehr große Wandlung sein. Ich bin vom Leben schon so oft gezwungen worden mich zu wandeln (vielleicht entnehmen Sie das aus den Briefen der letzten 10 Jahre) und jede Wandlung tat sehr weh. Wie sträubte ich mich damals, als ich von meinem ersten Mann mich trennen sollte, erinnern Sie sich? Ich kam hilfesuchend wie ein Kind zu Ihnen. Und eine wie große Wandlung bedeutete meine Gefängniszeit. Es war nicht einfach für mich, Abschied zu nehmen von den bürgerlichen Illusionen und den Sprung ins nackte, oft hässliche Leben zu tun. Ich sträubte mich. Aber es half nichts. Und wie nötig waren diese Wandlungen! Wie nötig war meine Umstellung auf das einfache Leben, auf das verfolgte, stets bedrohte Dasein! Ich fühle mich so leicht, seitdem das überflüssige Gepäck von mir abfiel. (Gepäck, ja: Kürzlich wurde mir ein Koffer gestohlen mit den besten Kleidern, Schuhen und so weiter. Es tat mir einen Augenblick leid, dann aber empfand ich fast Erleichterung. Wieder eine Last weniger.) – Und so werde ich, hoffe ich, einst bei der Bedürfnislosigkeit angelangt sein, die mir den Schritt über die Schwelle leicht machen wird.

Sie, lieber Herr Hesse, hatten auch schon eine glücklichere Beziehung zum Tod. Sie betrachten ihn jetzt als Erlösung, so scheint es. Sie leiden so sehr an diesem Leben. Es ist Ihnen ja auch kein privates Leid erspart geblieben, glaube ich, und kein Leid vor allem, das aus Ihrer so lebendigen Teilnahme am Leben der andern, am Leben der Welt und des Geistes entspringt. Und ich glaube, wenn Sie einst wählen müssen zwischen dem Auslöschen und dem Weiterleben, so werden Sie weiterleben wollen; ich kenne niemand, der so menschlich ist wie Sie. Ihre Menschlichkeit war mir in persönlichen und politischen Schwierigkeiten der letzten Jahre ein grosser lebendiger Ansporn und eine Richtschnur. Sie haben viel dazu beigetragen, dass das alles erträglich wurde und dass ich nicht abwich vom Weg.

Was Sie in dem gedruckten Brief an mich schreiben, ist nicht erfreulich. Dass es Ihnen so schlecht geht, tut mir leid. Ich wünschte, Sie würden nach einem so tapfer ertragenen Leben voller Schicksal (im Guten und Bösen) einen glücklichern Abend haben. Es ist nicht so sehr das körperliche Leiden, das Sie quält. Unsereiner wird krank vom Geist her, glaube ich. Sie sind verzweifelt über uns, und über Deutschland besonders, das Sie lieben. Es ist alles wahr, was Sie schreiben. Keiner will es gewesen sein, jeder will „entnazifiziert" werden (wie seltsam! Genau so wenig wie man „arisiert" werden kann, kann man entnazifiziert werden. Für mich ist Nazismus Charakter gewesen, unverleugbare Charaktereigenschaft. In den meisten Fällen. Ich habe es den Leuten angerochen, und ich rieche es ihnen auch heute an, ob sie Nazis waren u. sind oder nicht. Wie kann man durch eine Verfügung einer Spruchkammer von einem Makel befreit werden, der im Wesen liegt! Man kann durch eine lange harte Wandlung sich befreien, ja. Das ist etwas anderes. – Besonders abscheulich finde ich, wenn Leute nun kommen und sagen: „Ich bin doch nur ein Mitläufer gewesen." Oh, ich würde mich zu Tode schämen, das zu sagen. Lieber noch ein böser, echter Nazi, vom Teufel getrieben, als „bloss ein Mitläufer". Welcher Mangel an Stolz und Einsicht!) – Ja, dies alles ist scheusslich. Aber so sind die Menschen doch! Wer sieht denn ein, wenn er etwas Dummes oder Böses getan hat? Einsicht bedeutet Wandlung, und Wandlung ist schmerzhaft und anstrengend. Und die Menschen sind träge. – Es gibt noch viel schlimmere Dinge bei uns, von denen Sie nichts schreiben. Das ist beispielsweise die Reaktion: Jene, die Angst haben vor dem Sozialismus, eben weil er die Wandlung im Großen und im Kleinen verlangt. Die triefen von schönen Worten: Freiheit, Ehrfurcht, Schönheit, deutsche Kultur, Humanität, und die nicht gesonnen sind, die reale Welt zu sehen. Ich war kürzlich eingeladen zu einem Kongress der deutschen Jugend in Frankfurt a.M. Man sprach dieser armen, verwirrten, zu Krüppeln geschossenen, blassen

Jugend, die keine Zukunftshoffnung hat, kein Geld, nur Schwierigkeiten aller Art, man sprach zu ihr von Schönheit der Kultur, von einer neuen Verfassung, von Gotterfülltheit des Lebens und ähnlichen schönen Dingen – und die Jugend sass da und schwieg. Man will einen zweiten Hohenmeissner[62] machen, künstlich, von den Universitätsprofessoren arrangiert. Man will die Jugend damit abziehen vom wirklichen politischen Leben. (Und heute ist alles Politik – denn alles, was wir tun, jedes Wort, das wir sprechen, hat politische Wirkung!) – Man macht wieder einmal in Romantik und Humanität und deutschem Idealismus, wobei es grosse Mode ist, von Realpolitik zu reden. Aber wenn es darum geht, auch nur etwas Realpolitisches zu tun, schreckt man zurück. So habe ich kürzlich in einer Rede in München von der Not der Jugend gesprochen und verlangt, dass man Heime für die gefährdeten deutschen Besprisornis[63] schafft. Man sagte mir offiziell, dass man erst die Lösung des Währungsproblems abwarten müsse. (Aber ich bohrte weiter und spielte die Bayr. Regierung gegen die Grosshessische aus – und heute steht in der „Neuen Zeitung", dass wirklich Heime geschaffen werden!) – Es ist sehr schwierig hier zu leben, denn man hat viele Hindernisse zu überwinden. Aber – und das eigentlich will ich Ihnen sagen: Überall sind Kräfte am Werk, die arbeiten. Öffentlich oder in aller Stille. Viele Frauen sind es, die sehr viel klarer als die Männer die Wirklichkeit sehen (Die deutschen Männer schmollen, weil man sie nicht mehr Soldaten spielen lässt!) Viele von uns warten nicht ab, bis der Konflikt zwischen Osten und Westen ausgetragen ist; bis die Amerikaner ... Engländer unsre Industrie ankurbeln; bis die Währungsfrage

---

62 Am 11. Oktober 1913 fand auf dem Hohen Meißner bei Kassel der Erste Freideutsche Jugendtag statt. Dieser war als Protestveranstaltung gegen die patriotischen Veranstaltungen des Kaiserreiches zur Hundertjahrfeier der Völkerschlacht bei Leipzig gedacht.

63 Das Wort kommt aus dem Russischen und bezeichnete ursprünglich jene nach der russischen Revolution elternlosen Kinder, die auf den Straßen herumlungerten.

geregelt ist; bis das Wunder geschieht. Viele arbeiten. Auf meiner Reise sah ich überall Fabrikschlote rauchen – wenn es auch nur kleine Betriebe sind und wenn sie auch für die Besatzung arbeiten (z. Teil) so ist es doch ein Zeichen von Leben. Nur böswillige Leute können sagen, dass uns die Besatzung erdrosselt. Ich bin überzeugt, dass Amerika und England politische Vernunft genug haben, um es nicht zu tun. Überall sind kluge Leute am Werk, die (aus einer Verbindung von Berechnung, Instinkt und Ethik heraus) der Welt zum Frieden verhelfen wollen. Überall gibt es Menschen, die an die Macht des Geistes glauben. Es gibt jetzt eben, hier in Deutschland, nur zwei Arten von Menschen: die einen glauben an den Untergang, die andern an die Auferstehung. Ich glaube an einen harten langen Weg. Die Kraft dazu kommt aus dem Geist. Die Hilfsmittel liegen einerseits im Zusammenarbeiten mit vielen vernünftigen Leuten des Auslands, andrerseits im nüchternen politischen Zusammen- oder Widerspiel der Parteien. Es ist ein langer Weg, denn die Fehler, die uns zum N.S. führten, liegen tief im deutschen Wesen, und sie können nicht in einem einzigen Jahr ausgemerzt werden. Wenn die Deutschen nur endlich lernen würden, dass die wesentlichen Dinge nicht durch rasche Gewaltstreiche erledigt werden, sondern durch Warten, durch die Kunst Geduld zu üben. Wir haben einen zu kurzen Atem! Mich wird nichts davon abbringen, an den Sieg der Menschlichkeit zu glauben. Sie haben mir in Ihrem schönen Brief Klugheit und einen wachen Blick zugesprochen. Vertrauen Sie nun, bitte, diesem Blick, wenn ich Ihnen sage, dass es eine, wenn auch zahlenmässig nicht sehr grosse, aber in ihrer geistigen Vitalität und in ihrem politischen Rüstzeug beachtliche Schicht gibt, die am Frieden mitarbeitet! Diese Schicht stammt aus der Mitte zwischen Reaktion und neuer Unfreiheit, und wir wissen uns in guter Verbindung mit dem Ausland.

Ein langer Brief. Aber ich musste das einmal schreiben. Und ich tu es im Vertrauen darauf, dass Sie mir glauben und dass es Ihnen ein kleiner Trost ist.

Es gäbe noch viel zu schreiben – ich stecke in grossen Arbeitsnöten. Ich mag keine „Literatur“; mir genügt es nicht, was ich schreibe. Ich suche nach neuen Wegen. Aber das führte zu weit.
- Ihren Zeitungsausschnitt gab ich an Freund Suhrkamp weiter.
Draussen ist Frühsommer. Es ist schön, mit hohen Wiesen gerade vor dem ersten Schnitt, mit hohen zarten Gräsern, und die Kuckucke schreien von morgens vier Uhr an. Mein Ältester ist lungengefährdet und ich hoffe, er wird bei einer der geplanten Kinderverschickungen ins Ausland gebracht. Sonst geht es uns gut. Im Sommer schicke ich Ihnen einen Novellenband von mir. Ist aber auch nicht das, was ich will.
Sie schreiben, wir seien vielleicht das Salz der Erde. Hoffentlich benützt man uns auch zum Salzen! Sie, lieber Herr Hesse, waren auch Salz der Erde; hat man auf Sie gehört, als Sie 1918 u. früher gegen den Krieg, für Frieden und Menschlichkeit schrieben? Aber wir hoffen und glauben. Und wir haben ja auch gelernt!
Nochmals: ich danke Ihnen. Meine Freundschaft nein: Ihre Freundschaft (so darf ich es wohl nennen jetzt nach so langer Zeit) ist ein sehr grosses Geschenk für mich. Glauben Sie, dass ich nächstes Jahr schon die Einreise-Erlaubnis in die Schweiz bekomme? (z. Besuch!) Ich träume oft davon bei Ihnen zu sitzen und nichts zu sagen. Gesagt wurde schon viel zwischen uns. Aber das ist nicht das Letzte.
Grüssen Sie bitte Ihre Frau. Ich wusste, dass sie Jüdin ist. (Wie seltsam, dass man davon überhaupt spricht.) Sagen Sie ihr bitte, dass ich mich unendlich schäme für das, was man den deutschen Juden antat. Manchmal scheint es mir, ich sei mitschuldig, weil ich nichts dagegen sagte. Aber für dieses Schweigen habe ich während meiner Verhaftung gebüsst. Mein Mann, auch einer von denen, die nicht ein einzigesmal mit den Nazis paktiert haben u. nicht einmal

Soldat war (einer der saubersten Leute, die mir begegneten) lässt Sie sehr herzlich grüssen.

In alter Liebe Ihre Luise Rinser-H.

[Randbemerkung:] Dürfte ich Ihren Brief an mich einer deutschen Zeitung übergeben?

Kirchanschöring 16. Juni 1946
b. Laufen / Oberbayern

Lieber Herr Hesse, sicher ist mein unmässig langer Doppelbrief schon in Ihren Händen. Ist es auch mein „Gefängnistagebuch", das ich durch den Verlag schicken liess? Ich wollte, ich könnte Gedichte schreiben; dann würde ich zu Ihrem Geburtstag eins schreiben. Aber ich bin hoffnungslos episch. So kann ich nichts tun, als an Ihrem Geburtstag Ihr Bild bekränzen und an Sie denken und alle Gedichte und Briefe lesen, die ich bekam in den Jahren unsrer Korrespondenz. Elf Jahre sind es nun. Ich wünsche Ihnen, da ich nichts zu schenken habe, dass Sie wieder daran glauben, dass es noch einige vernünftige Deutsche gibt und dass die Vernünftigen aller Länder sich befreunden werden.

Sonst nichts für heute. Ich darf nichtmehr so lange Briefe schreiben wie den letzten, sonst langweile ich Sie. Und das gerade möchte ich nicht. Liebeserklärungen habe ich Ihnen auch schon viel zu viele gemacht, das langweilt Sie sicher auch schon. – Wenn Sie am 2. Juli ein Glas Wein trinken, einen sehr guten, und es ist Abend und Sie sind ein wenig melancholisch und vielleicht brennen die Kerzen in den bunten Lampions, dann denken Sie auch einmal an mich. (Eine rote Rose werde ich vor Ihr Bild stellen. Lassen Sie mich ruhig sentimental sein, Sie sind oder waren es auch, es gehört zu unserm Metier, nicht wahr?)

Ihre Luise Rinser.

STATT EINES BRIEFES – An Luise Rinser (Ende Juli 1946)

Die letzten Monate haben mir eine so große Überbürdung gebracht, daß ich mir für eine Weile mit dieser Drucksache helfen muß. Schon seit einem halben Jahr, nämlich seit die ersten Möglichkeiten sich boten, hungernden Freunden in Deutschland je und je etwas senden zu lassen, habe ich, da ich von den großen Organisationen und Maschinen der Wohltätigkeit wenig halte, die Sache so angefaßt, daß ich mir vornahm, eine kleine Zahl von Menschen, die mir teuer sind, regelmäßig zu unterstützen. Um nun diese Sendungen jeden Monat wieder zu ermöglichen, mußte ich, da seit einigen Jahren meine Ausgaben größer sind als die Einnahmen, das Nötige durch Arbeit verdienen, teils durch den Verkauf von Privatdrucken usw., teils durch kleine Bettelgänge im Kreis meiner Schweizer Freunde, teils durch Herstellen von Bilderhandschriften für wohlhabende Besteller. Damit und mit der seit einem Jahr stark angewachsenen Aufgabe, eine große Zahl von deutschen Kriegsgefangenen mit Lektüre, zum Teil auch mit Rat und Zuspruch zu versorgen, war nun eigentlich meine nicht mehr große Arbeitskraft jeden Tag reichlich in Anspruch genommen, es blieb für Privates, namentlich für Briefe, kaum noch ein Restchen übrig.

So stand es, als mit dem 1. April der Briefverkehr von und nach Deutschland sich wieder öffnete. Seither sind zu meiner täglichen Post Haufen und Haufen von Briefen hinzugekommen, viele hunderte, und kommen weiter Tag für Tag, und die Mehrzahl dieser Briefe verdiente eine Antwort, sie kommen von alten treuen Lesern, von Ratsuchenden, von Verzweifelnden oft, ich habe in diesen paar Monaten weit mehr als tausend zum Teil erschütternde Berichte von deutschen Schicksalen der letzten Jahre zu lesen bekommen, und jeder dieser Berichte forderte nicht nur die stets überanstrengten Augen, den stets übermüdeten Kopf, sie setzten

auch Herz und Gemüt unter eine nie endende Flut von mitleidfordernden Klagen, Fragen, Bitten, Anklagen, Hilferufen.
Ich wäre, auch wenn ich kräftig und um Jahrzehnte jünger wäre, diesem Ansturm nicht gewachsen. Ich habe zur Aufklärung und Mahnung für Leser, die dessen bedürfen, den „Brief nach Deutschland“ drucken lassen, und für Trostbedürftige die Neujahrsansprache und den „Brief an Adele“, und muß ihnen nun dieses gedruckte Blatt folgen lassen, als Gruß für die, die mir in ihren Briefen so viel Vertrauen schenken, und als Auskunft auf die paar Fragen, die sich in den Briefen am häufigsten wiederholen:
Die geringen Möglichkeiten, deutschen Freunden materiell zu helfen, werden von mir so gut wie möglich ausgenützt. Ich kann und darf diese Möglichkeiten nicht vergeuden, indem ich all den hundert Bitten durch einen einmaligen Mitleidsakt, eine bloße Gebärde antworte.
Unnütz ist es auch, mich als Vermittler zwischen Hilfesuchenden und den Schweizer Fürsorgestellen, wie Rotes Kreuz, Intellektuellenhilfe usw., anzurufen; ich gehöre keiner dieser Organisationen an, kenne die meisten gar nicht, und habe in keiner mitzureden.
Sehr häufig werde ich auch nach dem Schicksal meines Werkes gefragt. Nun, es war in Berlin verlegt, und was die Goebbels und Rosenberg davon übrig gelassen hatten, es war nicht mehr viel, ist samt dem ganzen Verlag durch Bomben vernichtet. Das Werk existiert seit einigen Jahren nicht mehr. Daß es wieder erstehen werde, irgend einmal, daran habe ich nie gezweifelt; aber materiell ist es vorläufig vernichtet, und bis heute konnte auch nicht das kleinste Büchlein durch eine Neuauflage ersetzt werden.
Inzwischen habe ich einige meiner frühern Bücher in Schweizer Lizenzausgaben erscheinen lassen, und auch einige neue. Diese Ausgaben haben nur kleine Auflagen und es besteht keine Möglichkeit, diese Bücher, sei es auch geschenkweise, nach Deutschland auszuführen. Es kommen jeden Tag Bitten um Bücher, und keine kann erfüllt werden. Dagegen habe ich von diesen Schweizer Ausgaben eine große Anzahl, im ganzen manche hundert Bände,

an deutsche Kriegsgefangene verschenkt, denn an sie ist die Ausfuhr erlaubt.

Ich bitte meine Freunde, für eine Weile mit diesem mageren Blatt vorlieb zu nehmen. Die Fragen nach meinen Gedanken über den Frieden in der Welt, über die nächste Zukunft Deutschlands, der Menschheit und der Kultur könnte ich ohnehin nicht beantworten, auch wenn ich junge Augen und Zeit genug hätte. Ich mache mir solche Gedanken gar nicht. Die Springflut von Jammer und Not, erst viele Jahre lang aus der Emigration und den von Deutschland vergewaltigten Ländern, jetzt aus Deutschland selbst, drückt mich an die Wand, will erlitten und irgendwie bestanden sein, fordert das Letzte an Kraft, und macht das Nachdenken über die Zukunft unmöglich und damit unnütz. Wenn wir uns heute, den heutigen Nöten und Forderungen gegenüber, einigermaßen menschlich und anständig halten, wird auch die Zukunft menschlich sein können. Mehr ist darüber nicht zu sagen. Die andre Frage: wie sich der Deutsche heute all der Kritik, der Verachtung, des Hasses erwehren solle, denen er nicht ohne gute Gründe ausgesetzt ist, habe ich schon einmal beantwortet: er soll zunächst einmal sich um sich selbst und seine Seele kümmern, in sich aufräumen, und sich nicht bei jeder Kritik an Deutschland persönlich mitgekränkt fühlen. Aber man hat diesen Rat nicht gerne gehört, und auch dies wird gute Gründe haben.

Meine Freunde bitte ich sehr, diese Mitteilung ja nicht als eine Aufforderung zu betrachten, mir nicht mehr zu schreiben. Im Gegenteil, diese ganze Briefflut wird mir gerade dadurch erträglich und erleichtert, daß auch immer wieder Grüße meiner alte Freunde und Leser dabei sind.

Hermann Hesse

Montagnola 7. Sept. 46

Liebe Frau Rinser

Seit langer Zeit fällt es mir, wenn je einmal ein freier Augenblick kommt, bedrückend ein, dass ich Ihnen nie habe schreiben können: Die Gründe kennen Sie aus der Drucksache „Statt e. Briefes", die ich Ihnen schickte. Es sind auch noch andre, tiefere Gründe da.
Von Ihrem Gefängnistagebuch[64] hörte ich einigemale, z.B. hat eine Base von mir in Calw es mit Hingabe gelesen.
Der Sommer ist hin, ich habe wenig von ihm gesehen. Das Beste was dies Jahr mir brachte, der Besuch meiner 2 Schwestern[65] aus Schwaben, ging nun auch zu Ende, sie mussten zurück.
Die Neue Zeitung brachte, ungefragt und unerlaubt wie alle deutschen Blätter das ja jetzt tun, im August meinen „Brief nach D.", der ursprünglich an Sie gerichtet, und keineswegs zur Publikation bestimmt war. Es kam ein Dutzend schöner, mehr oder weniger zustimmender und dankbarer Leserbriefe, und ein ganzer Berg von zum Teil unflätigen Hassbriefen.
Mein Leben ist ein Trümmerhaufen, ich begreife nicht warum ich es noch ertrage. Mein Werk ist zerstört, sein Wiederaufbau meiner Teilnahme und Mitarbeit entzogen. Suhrkamp schweigt Monat um Monat, auf Geld und Brot aus meinem Werk ist nie mehr zu hoffen, solang ich lebe, denn die paar in der Schweiz verkauften Bücher bringen natürlich nichts ein. Ich brauche nicht zu hungern, nicht einmal zu knausern, aber das ist es nicht was ich meine, was mir fehlt ist mein Recht und meine natürliche Lebensluft, wozu u.a. die Möglichkeit gehört, meine Bücher zu verschenken, was ja auch seit Jahren nicht mehr geht.
Infolge der seit etwa einem Jahr Tag für Tag geleisteten Ueberanstrengung, der Augen vor allem (ich habe seit April wohl 5 bis

---

[64] *Gefängnistagebuch*, München 1946.
[65] Adele Gundert und Marulla Hesse.

6000 Briefe lesen müssen) muss ich nun in Bälde aufhören, den ganzen Kram weglegen und die Sorge um den Cadaver den Aerzten überlassen. Da unser Haus für heutige Verhältnisse viel zu gross, zu abgelegen und der Haushalt nicht mehr zu leisten ist, werden wir, etwa Ende Okt., es abschliessen, ich will dann erst nach Baden zur Kur wie jedes Jahr, und dann in irgend ein Sanatorium, das noch nicht gefunden ist. Vielleicht kommt es noch einmal dazu, dass ich einem Singvogel zuhöre, Spass dran habe, und selber nochmals ein paar Verse mache. Vorstellen kann ich mir kaum mehr wie das ist.
Schreiben Sie mir einmal wieder, aber keine Tröstungen oder Gesundheitsratschläge, ich kann dergleichen nicht ertragen. Sondern was Sie tun, wie Sie leben, ob Suhrkamp etwa noch lebt.
Herzlich Ihr H. Hesse

2. Okt. 46

Liebe Frau Rinser
Hier die gewünschten Zeilen[66]. Möchten sie etwas nützen!
Den Wunsch, ich möchte etwas über Wiechert[67] schreiben, kann ich nicht erfüllen. Wenn ich ein leidlich anständiger Literat geworden bin, so hat daran großen Anteil mein beinahe ausnahmslos durchgeführter Grundsatz, niemals etwas auf fremden Auftrag hin zu schreiben. Es gab einige wenige Ausnahmen, wo eine Bitte von außen zufällig mit einer innern Bereitschaft zusammentraf, z.B. 1932 schrieb ich den „Dank an Goethe“[68] auf die Bitte Romain Rollands[69] für dessen Zeitschrift „Europe“.

---

[66] Siehe den Text auf S. 104f.
[67] Ernst Wiechert, Schriftsteller (1887–1950).
[68] SW 14, 452ff.
[69] Romain Rolland, französischer Erzähler und Pazifist (1866–1944).

In 2 oder 3 Wochen wird mein Haus auf ungewisse Zeit geschlossen und mich nimmt ein Sanatorium[70] auf. Briefe finden mich über Montagnola. Herzlich Ihr HH
[Handschriftliche Notiz:]
Herzlichen Dank für Ihr Anerbieten, jenes Honorar jemand zu schenken, aber davon will ich keinen Gebrauch machen. Ich muss ja ohnehin alles, was ich verdiene, in Deutschld. verschenken.

Montagnola bei Lugano 2. Okt. 46

Frau Luise Rinser ist eine von mir ihrer Begabung und ihres sehr schönen ersten Romans[71] wegen hochgeschätzte Dichterin, und ist außerdem mir teuer durch die Unbeirrtheit, mit der sie während der Jahre der Hitlerzeit Widerstand geleistet und im Gefängnis dafür gebüßt hat.[72]
Frau Rinser ist die eigentliche Adressatin meines „Briefes nach Deutschland“, den ich im Frühling 1946 publiziert habe und der am 2. August auch in der Neuen Zeitung in München abgedruckt wurde.
Die Bestrebungen, um Frau Rinser für eine Weile zur Erholung in die Schweiz zu bringen, möchte ich auf das Herzlichste empfehlen und unterstützen.
Hochachtungsvoll H. Hesse

Kirchanschöring 7. Oktober 1946.
bei Laufen / Oberbayern

Lieber Herr Hesse, lieber, nie gesehener Freund – Ihr Brief hat mich nicht erstaunt, aber doch ein wenig bestürzt. Ich verstehe, dass Sie müde sind. Bin es doch ich schon oft. Sehen Sie: ich habe

---

70 Préfargier in Marin am Genfer See (Okt. 1946 – Feb. 1947)
71 *Die gläsernen Ringe.*
72 Ob diese Feststellung zutrifft oder nicht, kann hier nicht diskutiert werden. Ausführlich wird die Frage behandelt in José Sánchez de Murillo, *Luise Rinser. Ein Leben in Widersprüchen*, Frankfurt / M. 2011, S. 88ff.

kürzlich in Stuttgart vor der Internationalen Frauenliga eine Rede gehalten über das Thema „Heimatliebe, Vaterlandsliebe, Nationalismus, Weltbürgertum." Es war ein streckenweise etwas scharfer Ton und ich habe gehofft, man würde mir heftig widersprechen. Nichts! Man sagte mir, es sei eine „wunderschöne" Rede gewesen. Gerade das, was ich nicht wollte. Sie war unverstanden. (Ich schicke sie Ihnen, sobald sie vervielfältigt ist.) – Vor einigen Tagen war ich in München bei einem deutsch-amerikanischen Diskussionsabend. Ein kluger Amerikaner sprach. Die Zuhörer waren Mitglieder der bayrischen Regierung und andre mehr oder weniger „wichtige" Leute. Der Amerikaner war sehr deutschfreundlich. Er baute sachlich und höflich Brücken. Was tut das deutsche Publikum? Es greift ihn an. Einer wirft ihm vor, dass er (der Am. war Emigrant) als Am. zurückkam, während er, der Sprecher, „bewusst" als Deutscher zurückkam (allerdings nur aus Jugoslawien ...) Ein anderer, der Polizeipräsident von Mü., sagte: „Wer die Magenfrage löst, löst auch das Problem Demokratie." Und so weiter. Ich habe mich geschämt. Man erwartet die Hilfe wieder einmal von aussen, von Amerika oder vom lieben Gott, statt bescheiden zu lernen, erst einmal höflich zu diskutieren. Und dieser Mangel an politischem Instinkt! Dieser Mangel an Diplomatie! – Ich will sehr oft keine Deutsche mehr sein. Aber was soll ich sonst sein?

Dieses Volk ist müde, dumm, unpolitisch, ungeistig geworden. „Erst die Magenfrage, dann die Demokratie" ... Wenn diese Leute wüssten, *wie* falsch ihre Ansicht ist! Wer jetzt bei uns die Magenfrage lösen würde, würde nichts bringen als ein stickiges Bürgertum. Muss denn das Schicksal *noch* mehr strafen, bis wir *sehen*, worauf es ankommt?

Sehen Sie, so ist *mir* zumute. Und die Amerikaner (ich kenne einige sehr kluge) fingen mit so grossem Elan u. so gutem Willen an mit uns zu arbeiten. Und wie wenige Mitarbeiter finden sie! –

Aber ich weiss, dass es immer nur auf ein paar tausend Menschen ankommt. Und wir sind da. Ein paar tausend. Und wir werden arbeiten – vielleicht (von der Masse aus gesehen) auf verlorenem Posten. Das wissen wir nicht. –
Was ich arbeite? Ich fing an, mich in die Arbeit der Internation. Frauenliga für Frieden u. Freiheit einzuschalten. Ich „kämpfe" (d.h. rede u. schreibe) gegen den Glauben an einen neuen Krieg, gegen den Patriotismus, ich glaube an Pan-Europa, u. verschaffe mir durch viel Zeitungslesen u. Lesen volkswirtschaftl. u. polit. Bücher eine Grundlage für die Weiterarbeit. – Ferner: ich schreibe für die „Neue Zeitung" pädagogische Aufsätze mit politischer Tendenz die sehr viel Widerhall in ganz Deutschland finden. (Ich habe eine recht beträchtliche Korrespondenz zu führen neben meiner Haushaltsarbeit. Aber es ist interessant, u. es gehört halt mit zum Beruf!) Jetzt bin ich dabei, einen Aufsatz über die Strafe zu schreiben, weil man sich herumstreitet, ob die Prügelstrafe in den Schulen abgeschafft werden soll oder nicht. In Bayern ist sie abgeschafft, in Württemberg beispielsweise nicht. Ich bin für Abschaffg. – Ferner schrieb ich einen Aufsatz über ein Jugendgefängnis hier u. will erreichen, dass Strafen Jugendlicher nicht ins Strafregister eingetragen, sondern „vergessen" werden. – Mein 2. bzw. 3. Buch[73] ist erschienen bei Desch in Mü. – Suhrkamp (an den ich Ihr Briefchen weitergebe) schreibt, meinen Roman, der ihm „gehört", kann er wohl noch nicht bringen, da er kein Papier hat. – Jetzt erscheint bald im Atlantis-V. (Freiburg) mein Kinderbuch[74], aus dem im Radio München jeden Sonntag vorgelesen wird zur grossen Begeisterung der Kinder. Und ich schreibe an einem neuen Buch, einem Kleinstadtroman, in dem ich zeige, dass diese Stadt durch Bomben untergehen musste. (7 einzelne, aber zusammenhängende Erzählungen.) 3 davon sind fertig.[75] –
Nebenbei arbeite ich viele seltsame Dinge. Viele Menschen, Männer besonders, erwählen mich als – na, wie soll ich sagen – als

---

[73] *Erste Liebe* (Drei Erzählungen), München 1946; und ?.
[74] *Martins Reise*, Freiburg 1949.
[75] Es dürfte sich dabei um *Die Stärkeren* handeln.

„Insel“ zum Ausruhen oder als „Stütze“, als Anregung u. was weiss ich. Sie sind alle müde, neurotisch (auch Albrecht Goes, den ich kürzlich traf, ist ein zerbrochener Mann, er weiss es kaum selber. Auch Suhrkamp. Viele, viele.) Und ich bin ein wenig in der glücklichen Lage, ein paar Menschen davon zu überzeugen, dass das Leben doch lebenswert ist. Aber leider bin ich dabei häufig in der Rolle des Psychotherapeuten, der alle Lasten tragen soll, vor allem die Last der Liebe. Gott sei Dank ist mein Mann klug, ruhig, sachlich, und Gott sei Dank reichen bei mir Humor, Vitalität und andre nützliche Eigenschaften ziemlich weit, sodass ich von all den Neurosen nicht angesteckt werde. – Das ist mein Leben. Sehr ausgefüllt. Dabei bin ich körperlich seit dem Gefängnis sehr anfällig. – Sie sagten, ich sollte von mir schreiben. Ich tat es. – Übrigens gibt es hier in Deutschl. eine Anzahl sehr kluger Frauen. Ob wir Frauen vielleicht doch etwas Neues zu sagen haben? –
Dass Suhrkamp nicht schreibt, liegt sicher daran, dass Geschäftsbriefe immer wieder an den Empfänger *[gemeint ist natürlich: Absender]* zurückgehen, Briefe mit Anspielungen auf Geschäfte meist auch. Gibt es für Sie jetzt als Goethepreisträger (es wird Ihnen nicht viel Eindruck gemacht haben, den Preis von diesem Land zu bekommen, das Sie nicht verstehen will!) keine Möglichkeit offizieller Geschäftsverbindung mit Berlin? Ich nehme doch an. –
„Trotz allem“ – ich möchte (u. das wünsche ich mir mit aller Leidenschaft) einmal bei Ihnen sitzen, fünf Minuten. Man kann mit mir gut schweigen. – Suhrkamp war schon 2x in meiner Nähe, ohne mich zu besuchen. Er ist seltsam. Alle Briefe aus Berlin sind maskenhaft starr. Eine unglückliche Stadt. –
Tausend Grüße – u. Dank für das Gedicht u. den Goetheaufsatz, ich muss ihn erst lesen, der Brief kam gerade erst – u. vergessen Sie nicht, wie sehr ich Sie liebe. Grüssen Sie bitte Ihre Frau. Ihre Luise Rinser.

Kürzlich schickte mir Suhrkamp Ihr Bändchen „Der Europäer."

Kirchanschöring
b. Laufen Obb. 4. Januar 1947.

Lieber Herr Hesse, wie das Mohrchen im „Rosenkavalier" kommt dieser Brief hinterher gelaufen, nachdem Sie sich hoffentlich durch den ganzen Berg von Post gelesen haben, die mit Glückwünschen zum Nobelpreis kam. Ich wollte nicht auch noch schreiben. Aber nun kam Ihr Brief zuerst. Ich danke Ihnen sehr. An Suhrk. habe ich Gedicht und Zeitungsausschnitt gleich weitergegeben. Ich höre fast nie von ihm. Er ist böse mit mir. Weiss der Teufel warum.
Ich habe das neue Jahr begonnen mit einem Aufsatz über Sie. Er war nur für eine kleine Frauenzeitschrift bestimmt, aber ich habe mir sehr Mühe gegeben. Und dabei habe ich wieder in den paar Büchern gelesen, die mir verblieben sind, vor allem in der „Nürnberger Reise" und in den Gedichten, auch in den ganz neuen. Die Gedichte sind so wundervoll, dass mir bei einigen immer wieder das Herz stillsteht bei soviel Vollkommenheit. „Leb wohl, Frau Welt" ist für mich eines der schönsten Gedichte der Welt überhaupt. Und was mich von neuem gepackt hat: Sie sind oft sehr müde, sehr verzweifelt. Aber trotz allem wirkt Ihr Werk als Ganzes lebenbejahend, aufreizend, positiv. Immer wieder bricht das Licht durch. Und ich glaube, auch jetzt noch haben Sie Stunden, in denen Sie an das Leben glauben und es lieben.
Ihr Werk ist durchaus zeitgemäss. Manchmal dachte ich, es sei schön, aber versunkene Welt. Es ist nicht wahr. Es ist lebendig. Ich werde jetzt das Glasperlenspiel nocheinmal lesen.
Ich bin sehr der Zukunft zugewandt. Für mich gibt es Zukunft! Ich bin in einer Krise, was das Schreiben anlangt. Ich habe im vorigen Jahr einen Roman angefangen und blieb auf halbem Weg stecken. Dann arbeitete ich andres, u.a. einen Auszug aus sämtlichen Werken Pestalozzis mit einem langen Vorwort. Es war mühsam, aber P. ist herrlich. – Und dann tat ich nichts mehr. Ich konnte nicht mehr schreiben. Ich mag den Stil unsrer Zeit nicht

mehr. Alles ist zur Form erstarrt. Ich habe kein Vorbild mehr. Ich bin plötzlich ganz allein und auf der Suche nach dem Unnennbar-Neuen, nach der größten Einfachheit. Die amerikanische Art der short-stories half mir viel, aber sie langweilen auf die Dauer. Ich will etwas anderes. Vielleicht gelingt es mir eines Tages, diese höchste Art von Realismus, die nichts mehr von „Kunst“ zu haben scheint, die alle Schönheit zu verleugnen scheint, und doch höchste Kunst ist. – Unerreichbares Ideal: Tolstoi „Krieg und Frieden“! Ich habe oft tiefe Depressionen, weil ich nicht weiterkomme.

Ich bekam zu Weihnachten von meinem Mann ein Eichenholz-Relief mit Ihrem Kopf nach einem Foto, auf dem Sie wie ein Raubvogel aus dem Bild schauen. Ich liebe das sehr.

Weihnachten war schön bei uns, ohne Hunger, mit einem Care-Paket von Hermann Kesten aus U.S.A. (Sie erinnern sich wohl an ihn?) mit Wärme, Christbaum, vielen unerwarteten Geschenken, zb. brachte jemand plötzlich ein halbes Pfund Butter, aus dem Dorf, warum war nicht ganz klar, es kommt nicht häufig vor! Und ich spielte nach Jahren wieder einmal Geige, Bach; las das Weihnachtsevangelium und aus Thoma's „Heiliger Nacht“. Die Kinder waren selig. Bücher kamen vom Verleger, Briefe aus aller Welt. Ein amerik. Freund war da mit Wein und Schokolade – wir gingen mit ihm zur Christmette durch den verschneiten Wald. Es war schön, alles. Aber wir haben da immer einen Stachel im Fleisch. Wenn es uns ein wenig gut geht, denken wir an alle jene, denen es schlechter geht. Das ist ein bitterer Tropfen. Und man kann nicht helfen. Man teilt, aber wirklich helfen kann man nicht. Zu Sylvester haben wir statt Blei, das wir nicht haben, Wachs gegossen. Ich habe deutlich einen Vogel gegossen, einen grossen Vogel mit sehnsüchtig aufwärts gerichtetem Kopf, gespannt und fortstrebend. Gebs Gott, dass es Symbol ist. Ich will nichts anderes als das und wenn es auch oft unbehaglich ist.

Haben Sie durch Marg. von Mühlfeld meinen Gruss bekommen? Ich denke. Sie schrieb, dass Sie ihr geschrieben hätten, aber weiter erfuhr ich nichts.
Ich werde nun doch wohl in die Schweiz kommen. Man tut alles für mich. Ein sehr reizender Amerik., der uns Schriftsteller betreut in der Milit.-Regierung, will die Sache gleich an den Kontrollrat geben. Ich warte nur auf die Genehmigung der Regierung in Bern. Die will mir Hürlimann vom Atlantisverl. besorgen. Hoffentlich geht es. Dann werde ich Sie sehen. Und wenn es nur für zehn Minuten ist. Es wird April oder Mai werden. – Ein gutes neues Jahr! Ihre L.R.

(gegen Ende Jan. 1947, Marin am Genfer See)
Liebe Frau Rinser

Herzlich hat mich Ihr Brief gefreut. Ich war nun ein Vierteljahr hier in Marin, zuletzt hat mich noch die Ischias wieder überfallen und vollends gelegt. Aber gegen Mitte Februar hoffe ich die Kur in Baden antreten und 4 bis 5 Wochen später nach Montagnola zurückkehren zu können, worauf ich mich allerdings nicht freue, das Leben dort ist mühsam und sorgenvoll geworden.
Das Beiliegende[76] hat die Büchergilde in Zürich gedruckt.
Herzlich grüßt Sie Ihr H.Hesse

Kirchanschöring bei Laufen 13. März 1947

Lieber Herr Hesse, erschrecken Sie nicht über den ungewöhnlich dicken Brief. Er enthält zwei Aufsätze von mir. Das eine ist eine Rede, die ich auf einer Tagung der internation. Frauenliga für Frieden und Freiheit gehalten habe; das andre ist ein öffentlicher Brief an Max Picard[77] (zu seinem Buch „Hitler in uns selbst“) Ich hätte gerne, dass diese beiden Aufsätze in der Schweiz veröffentlicht würden. *[Randnotiz:]* Sie sind in Deutschld. noch

---

[76] H .Hesse *Der Pfirsichbaum und andere Erzählungen*, Zürich 1946.
[77] Schweizer Arzt und Kulturphilosoph (1888–1965).

nicht veröffentlicht. – Was meinen Sie dazu? – Ich habe Ihnen sehr zu danken für Ihre Sendungen: die Gedichte, die „Magie des Buches", das Briefchen und die Bilder in dem Heft. Ich muss Sie nachträglich um eine Erlaubnis bitten: Ich schrieb für eine Zeitschrift („Regenbogen" – eine kl. Frauenzeitschrift[78]) auf vieles Drängen einen Aufsatz über Sie und da wollte ich gern Ihr Gedicht „Leb wohl, Frau Welt" einfügen. Nun wird Ihre Erlaubnis dazu zu spät kommen, denn der Aufsatz soll früher erscheinen als geplant war. Nun stehe ich da – ich muss dieses herrliche Gedicht bringen, das uns alle so sehr erschüttert. Aber es geht gegen Ordnung und Gesetz. Darf ich trotzdem? Bitte, verzeihen Sie mir diesen Verstoss. Es geht mir ja nur darum, den Lesern ein eindringliches Bild von Ihnen zu geben. Was soll mit dem Honorar für den Abdruck geschehen? (Mir ist ein wenig bange vor Ihrem Erstaunen, dass ich so etwas Unkorrektes tue. Aber Sie werden mir nicht böse sein, dazu liebe ich Sie zu sehr. Das ist nicht logisch, aber irgendwie vollkommen richtig.
Ich habe einen neuen Roman[79] fertig. Er soll dieses Jahr erscheinen und ist der Versuch, am Schicksal einer kl. Stadt die Entwicklung des Nationalsozialismus zu zeigen von 1914 bis 1945. Es ist eine ziemlich harte Angelegenheit und ich weiss nicht, ob sie gut ist.
Was halten Sie von I. Silone[80]? Er wird hier soviel gepriesen. Ich weiss nicht recht. Manchmal ist er primitiv und zu vordergründig politisch. Ich finde, man kann Politik in Romanen heute nur als Hintergrund, als Atmosphäre brauchen. Wo sie Tendenz zeigt, wird man verstimmt. Es ist alles noch zu nah. Alles tut noch weh, alles hält noch an. Ich hoffe, in meinem Roman dies umgangen zu haben. Hier ist der N.S. nur atmosphärisch zu merken.

---

[78] Vgl. unten 135 ff.

[79] *Die Stärkeren*, München 1946

[80] Ignazio Silone, italienischer Schriftsteller, 1900–1978

Jetzt, wo der Roman fertig ist, lockt mich wieder die Politik. Vorläufig werde ich darauf beschränkt sein, in der „Neuen Zeitung" die Rubrik „Erziehung" zu machen, es erscheint dort jetzt dann ein Frauenblatt (ich hoffe, mit „Niveau"). Und sonst – es war ein harter Winter mit Frieren und Hungern (ich hatte beide Füsse erfroren am Schreibtisch) – aber jetzt wird's langsam Frühling, die ersten Amseln singen, das Leben wird wieder leichter. Meine geplante Schweizerreise fällt wieder ins Wasser, da die Frau, die mich einladen wollte, sich scheiden lässt u. es geht alles drüber u. drunter. Schade. Ich hatte mich so sehr gefreut, Sie zu sehen. Es ist nicht die einzige Sehnsucht, die man heute begraben muss. – Warum ist Ihr Leben in Mont. so schwierig? Ich denke so oft an Sie. Ich glaube, Sie leiden alle unsre Leiden mit, und Sie haben jenes tiefe „Verantwortungsgefühl des Talents", von dem Jean-Richard Block auf dem Kongress der „Union Nat. des Intellectuels Français" sprach. – Es gibt noch viele Kräfte in Deutschland. Ich glaube daran. – Tausend Grüße Ihre Luise Rinser.

Montagnola 25. März

Liebe Frau Rinser

Ihr Brief vom 13. mit den Beilagen ist gekommen, hat mir aber keine Freude gemacht. Jeder deutsche Journalist, der etwas geschrieben hat was er in der Schweiz publizieren möchte, ist so phantasievoll mich als Laufburschen zu benutzen, weil ich im Ruf der Gutmütigkeit stehe. Und jeden Tag bringen deutsche Zeitungen, Zeitschriften, Rundfunke etc irgend welche gestohlene Texte von mir, ohne vorher zu fragen. Daß auch Sie nun beides tun[81], stärkt meine Achtung vor eurem Deutschland nicht, und ist, wenn ich das sagen darf, in Ihrem Fall weit weniger harmlos als bei fast allen andern, die es tun. Denn Sie wissen genau, wie es mit mir

[81] Gemeint ist der Aufsatz über Hermann Hesse, in dem LR das Gedicht „Leb wohl, Frau Welt" zitiert. Vgl. S. 135.

steht und wie ich, nah am Verrecken, jeden Tag bis zur Erschöpfung der letzten Kräfte ausgenutzt werde.
Wir wollen es dabei gut sein lassen, und einander eine Weile in Ruhe lassen. Dafür wäre dankbar Ihr
H. Hesse
Honorar für den Gedichtabdruck will ich nicht, Sie wissen so gut wie ich, daß es keine Möglichkeit gibt es zu bezahlen.
Der Brief an Picard wurde der Neuen Schweizer Rundschau, die Rede den Schweizer Annalen gesandt mit der Bitte, sich mit Ihnen direkt in Verbindung zu setzen.

Kirchanschöring, 11. April 1947.

Lieber Herr Hesse – trotz Ihres Verbots: ich schreibe Ihnen. Ich kann Ihren Brief nicht ganz ernst nehmen. Nähme ich ihn ernst, dann wäre ich furchtbar enttäuscht von Ihnen, und die Enttäuschung, die Sie mir bereiten würden, wäre noch tiefer als jene, die ich Ihnen bereitet habe: ich würde den Brief als den eines völlig verbitterten, mürrischen Mannes nehmen müssen, der gekränkt ist. Das kann nicht sein. Denn Sie sind zwar verbittert (u. ich weiss ja warum) aber Sie sind es nicht immer und nicht in Ihrem Innersten. Ich nehme Ihren Brief als den Ausdruck eines grossen augenblicklichen Ärgers über mich. Ich weiss, dass es nicht richtig war, das Gedicht zu veröffentlichen, ich habe Ihnen versucht zu erklären, warum ich es tat: ich wollte, auch andre sollten dieses unglaublich „vollkommene“ Gedicht kennen. Aber ich sehe ja ein, dass es nicht richtig war, es zu tun. – Dass Sie meine Bitte der Weitergabe der Manuskripte so ärgerte, tut mir leid. Ich dachte wirklich, es sei mühelos, und ich vergass, dass allzuviele mit solchen Bitten kommen. –
Aber nun: seien Sie doch deshalb nicht über mich als Ganzes enttäuscht. Es lohnt nicht. Sie wissen genau, dass – ja, soll ich

mich denn rechtfertigen, mein Wesen? Ich denke, Sie kennen mich nach so langer Zeit. Vergessen Sie nur nicht, dass wir hier manche Fehler begehen, weil es uns herzlich schlecht geht, und – wir wären „gern gut anstatt so roh, doch die Verhältnisse, die sind nicht so.“ Das ist keine Entschuldigung, nur der Versuch einer Erklärung. – Und sagen Sie nie mehr: „Ihr Deutschen.“ Dass wir hier mitten in der Hölle, (und Hunger – die eigenen Kinder hungern sehen, ist die Hölle, und keine Schuhe haben u. tausend nötigste Dinge entbehren, gehört auch dazu) – dass wir hier trotz allem noch um Geist bemüht sind, das allein sollte genügen uns noch für Menschen zu halten. Es gehört eine ganze Menge Geist dazu, um noch zu arbeiten heute, um noch an irgendetwas zu glauben, um ganz intensiv an Zukunft zu glauben. Ein leerer Magen u. ein vernachlässigtes Äussere ist dem nur bis zu einem gewissen Grad dienlich. Aber viele von uns klagen nicht. Ich auch nicht, Sie wissen es bei Gott. Aber dass man uns eine Entgleisung genauso schwer anrechnet als wären wir in ruhigen, geordneten Verhältnissen, das ist nicht ganz gerecht.
Seien Sie nicht so verbittert. Dass wir leben, wirklich leben, denken (wirklich denken) arbeiten, glauben, um Völkerverständigung u. Frieden uns bemühen trotz aller Schwierigkeiten (sollten Sie nicht wissen, wie schwer es uns unsre eigenen reaktionären Regierungen machen, u. wie schwer es ist, unter einer Militär-Reg. zu leben?) – das alles sollte uns Ihre Anteilnahme sichern. Und Sie haben ja nun Teil. Ich weiss es ja. Sie sind nur zornig, aber nicht verzweifelt. Was sollte man denken, wenn Sie (wie es Gerhart Hauptmann ein paar Monate vor s. Tod tat) sagten, das Leben lohne sich nicht? Welche Schlüsse sollen wir ziehen aus solchen Bekenntnissen?
Seien Sie nun grossherzig. Sagen Sie, dass Sie „wieder gut sind“ mit mir. – Inzwischen kam auch Ihr Blatt „Geheimnisse“ hier an. Vielen herzlichen Dank. Eigentlich sollte ich froh sein, dass Sie so leidenschaftlich böse sein können u. kein „alter, weiser“ Mann sind! Lächeln Sie. Versuchen Sie es, bitte. Lassen Sie die Summe Ihres Lebens ein etwas spöttisches, aber doch freundlich verzei-

hendes Lächeln sein, nicht einen bösen Blick. Wir sind nicht böser als Menschen es je und je waren.
Zürnen Sie nicht mehr
Ihrer reumütigen u. nicht ganz so zerknirschten Luise Rinser.

[Ohne Ort und Datum]
Liebe Frau Rinser

Am Uebelnehmen liegt mir nichts, ich habe mehr als genug andres zu tun. Aus Ihrem Brief sehe ich, dass ich nicht das Recht habe, mir ein ablehnendes Urteil über irgend eine Handlung von Ihnen zu erlauben, während Ihnen jede Kritik und Schulmeisterei an mir erlaubt ist. Ich bitte also um Entschuldigung, und denke das „Ihr Deutsche" diesmal nur im Stillen. Da Sie wie Ihr alle so sehr empfindlich sind und etwas anderes als Bewunderung so gar nicht ertragen können, hätten Sie ja auch irgend einmal sich eine Minute lang in meine Lage hineindenken und auf mich die Rücksicht nehmen können, die Sie von andern erwarten.
Ich bin jeden lieben Tag bis zur Erschöpfung überlastet, zu drei Vierteln mit Deutschlandfürsorge, kann seit vielen Wochen nicht gehen und stehen, und muss in 14 Tagen mich wieder zu Untersuchungen und evtl Behandlung in eine Klinik bringen lassen.
Ihr H. Hesse

10. Juni 1947

Lieber Herr Hesse, ich glaube, ich habe Sie jetzt verstanden und Ihren Groll. Ich habe mich monatelang (eigentlich seit 1 ½ Jahren) mit dem Versuch einer psychologischen Analyse des gegenwärtigen Deutschen befasst, das war sehr nützlich. Ich habe viel begreifen gelernt. Eben auch Ihren Groll. Wenn die Arbeit (die ich

als Vortrag im Juni in Karlsruhe halten werde und ausserdem im Nazi-Intellektuellenlager Ludwigsburg) gedruckt ist, möchte ich sie Ihnen schicken, vielleicht liest Ihnen jemand einige Stellen daraus vor.
Und nun, bitte, vergessen Sie, dass ich auch einmal zu „den Deutschen" gehörte, es war eine Entgleisung, und nehmen Sie meine guten Wünsche zu Ihrem Geburtstag wieder in der alten Gesinnung an. Ich bin ja doch keine von „denen". Ach nein. Und ich liebe Sie sehr.
Ihre Luise Rinser.

[Ohne Ort, ohne Datum]
Liebe Frau Rinser
Ich habe jetzt endlich das reklamierte Rundschauheft bekommen u. mir Ihre Erzählung[82] vorlesen lassen. Sie hat mir sowohl als Ganzes wie in allen Einzelheiten sehr gefallen, das möchte ich gleich melden.
In dem Haus[83] hinter der Linde habe ich einst, nach meiner ersten Heirat, drei Jahre gelebt von 1904 bis 7.
Herzlich grüßt Sie Ihr H. Hesse

Kirchanschöring b. Laufen 4.8.47.

Lieber Herr Hesse, es ist spät am Tage und eigentlich bin ich viel zu müde zum Schreiben, aber es scheint, dass ich trotzdem es tun muss. Ich habe den ganzen Tag Bohnen eingeweckt und Äpfel eingekocht, und dazwischen die täglichen Briefe geschrieben, und es ist 35° Celsius im Schatten, worauf wir hier nicht geeicht sind, und selbst der späte Abend ist heiss, und nicht geeignet zum Denken. Aber ich will gar nicht denken. Ich will Ihnen nur sagen, dass es eine grosse Freude war, als die Grüsse nacheinander von

---

[82] Gemeint ist wohl eine der drei Erzählungen aus *Erste Liebe*, einem Band mit drei Erzählungen – Elisabeth, Anna, Daniela – , der 1946 bei Desch in München erschien.)

[83] Es handelt sich um eine Postkarte, auf deren Vorderseite das „alte Hermann-Hesse-Haus in Gaienhofen am Bodensee" abgebildet ist.

Ihnen kamen, der von dem Japaner und die beiden Privatdrucke. An der heissen Freude, die unvermutet in mir aufsprang als ich las „Herzlich grüsst ...“, daran merkte ich, wie sehr mich der Gedanke bedrückt hatte, dass Sie wirklich durch mehr als die Schweizer Grenze von mir getrennt wären. Sie sind es nicht. Ich spüre es. Und Ihre Nähe gehört zu meinem Leben. Es gibt einige solche Dinge – Menschen, Erlebnisse, Kunstwerke, Gegenstände – ohne die man nicht lebt; sie müssen da sein, wirklich oder in geistiger Nähe. Ohne Sie lebe ich nicht. Es muss eine Ur-Beziehung sein, nicht begründbar (Gründe, die dafür angegeben werden können, treffen nicht den Grund!) So also sind Sie wieder da, nicht böse, ein wenig zurückhaltend, aber Sie sind da. Genug, dass es so ist.
Wundervoll ist Ihre „Beschreibung einer Landschaft“. Die Silberpappel mit den herrlichen Farben und die Ulme – wie schrieben Sie? „schlank, heiter u. lichtbegierig“ – das trifft mich, als wären diese Worte eigens für mich geschrieben. So wäre ich auch, wenn verschiedene schwierige Dinge aus meinem Leben weg wären. Kürzlich war ich bei einer alten, klugen Frau, die zugleich Graphologin, Chiromantin und Hellseherin ist – aber ich glaube, sie hat einfach ungewöhnlich viel gesunden Menschenverstand. Sie hat mir gesagt (sie kannte mich nicht) dass ich in einer Krise sei und weder mit Leben noch mit Schreiben weiterkönne, weil Intellekt und Wille mich beherrschen. Ich habe, sagt sie, das nötig gehabt, denn ohne meinen Willen u. Verstand hätte ich mein Leben bisher nicht ertragen. Sie meinte, ich hätte kaum eine Stunde im Leben so leben dürfen wie ich wollte. Von Kindheit an. Und meine jetzige Ehe sei schlecht (sie sei äußerlich sehr gut gewesen all die schweren Jahre hindurch – aber ich habe den Mann nur geheiratet, um ihn zu decken im 3. Reich, es war da allerlei, was ihn belastete. Und wir hielten eng zusammen gegen alles Schwierige. Aber da nun das alles wegfällt, ist eigentlich kein Grund mehr da, weiter mitsammen zu leben. Es ist ohne Härte,

das alles. Es wird sich ganz ruhig ergeben. Ich muss frei sein, ich kann nicht mehr verheiratet sein, nicht so. Ich habe viel Schwieriges hinter mir, Sie wissen einen Teil davon. Aber es ist hinter mir. Ich will endlich einmal nicht leben wie ein Pfeil auf einer gespannten Bogensehne. Ich will mir etwas geschehen lassen. Nicht tun. Ich will geliebt werden. Ich will mich fallen lassen. Endlich einmal aus dem vielen hellen Licht weg. Endlich einmal eine Frau sein, keine „Intellektuelle“ (ich bin das und werde es immer sein, aber eingehüllt in anderes soll es sein) – manchmal gibt es Durchblicke schon jetzt. – Ach Gott, wie ist es schwer für unsereinen, sich zu entwickeln. Soviele Irrwege, soviel schlimme Tage. (Und soviel Mut!) – Die alte kluge Frau sagte, ich würde in etwa 1 ½ - 2 Jahren einen ziemlich großen Erfolg haben u. dann sehr weit fortgehen u. in einem fremden Land ein ganz neues Leben beginnen. Es könnte, sagt sie, Amerika sein. (Was soll ich in Amerika? Aber bisweilen möchte sogar ich weg aus diesem Land. Vorige Woche bin ich in einer Straßenbahn in München fast verprügelt worden, weil ich, als ich mich mit einer Jüdin unterhielt, etwas politisch wurde. Daraufhin schrie mich der ganze Wagen an, ob ich nicht wüsste, welche Greuel in Russland (z.B.) geschähen? Und so fort. Ich wäre bei der Erwiderung darauf wirklich fast unter die Fäuste der Leute gefallen. Ich stieg aus. Es war schrecklich. – Und trotzdem: vor einigen Wochen sprach ich im Intellektuellen-Nazi-Lager in Ludwigsburg über das Thema, von dem ich Ihnen einen Durchschlag schickte. Ein Thema, das für die etwa 3-400 Leute (SS und höhere Beamte des Naziregimes wie Universit.Prof. usw.) eine bittere Pille war. Die Leute waren sehr gepackt; es kam einiger harter Widerstand, aber viel Zustimmung, und ein grosser Teil war erschüttert. Viele sind voll des besten Willens, voll echter Einsicht in ihren Irrtum und ihre Fehler. Ein seltsames Volk ist dieses deutsche Volk. Es wohnt soviel Gegensätzliches so dicht nebeneinander.

Ich schicke Ihnen die einmal angekündigte Arbeit „Versuch einer psychol. Analyse des Deutschen von 1947". [84] (Ich betone „Versuch".) Den Anfang müssen Sie nicht lesen, erst S. 5 etwa (usf.) u. vor allem S. 9/10. Aber ich weiss nicht, ob Sie sich die Mühe des Lesens machen. Vielleicht würde es sich aber lohnen, damit Sie sehen, wie ein grosser Teil (nein: ehrlich, ein kleiner Teil) unseres Volkes denkt.
Vor einigen Wochen war ich bei Albrecht Goes in Gebersheim. Wir verstehen uns sehr gut, wenn wir auch sehr verschieden sind. Im Künstlerischen sind wir uns einig, z.B. in der Ablehnung von Ernst Wiechert. Wenn ich nur darüber Ihre Meinung wüsste. –
Ein viel zu langer Brief. – Es ist noch immer heiss, die Zimmer sind winzig, viel zu viele Menschen darin, die Petroleumlampe qualmt (wir haben kein elektr. Licht) – allmählich geht mir all diese Primitivität auf die Nerven. Fünf Jahre habe ich gelebt wie eine Arbeiterfrau mit zerschundenen Händen – jetzt mag ich nicht mehr. Einmal will ich - - (siehe vorne. Jetzt lache ich über mich. Aber Sie verstehen mich sicher.)
Haben Sie mich wieder lieb? (So wie Kinder fragen.) Tun Sie es.
Immer Ihre L.R.

Am Morgen: eigentlich sollte ich diesen langen allzu privaten Brief nicht abschicken, aber mein Gefühl sagt mir, dass ich es doch tun soll. Nehmen Sie ihn bitte gut auf u. verzeihen Sie die Länge u. was sonst stören mag.

---

[84] Nachzulesen in *An den Frieden glauben*. Über Literatur, Politik und Religion 1944 – 1967, Frankfurt / M. 1990, 209 – 238.

[Ohne Ort und Datum]
Liebe Frau Rinser

Ihr Brief mit dem Manuscript ist gekommen. Den Brief hat meine Frau mir vorgelesen, wir sind grade auf dem Rückweg aus den „Ferien" einige Tage in Bern. Vielleicht gelingt uns hier auch noch die Lektüre der von Ihnen empfohlenen Manuscriptseiten – wenn nicht, dann wird es in diesem Leben dazu nicht mehr kommen. Wir haben in diese sog. Ferien einen halben Koffer voll noch ungelesener Briefe mitgenommen, und bringen die Hälfte davon wieder unerledigt mit heim, weil beinahe jeden Tag so viel neue Briefpost kommt, dass man froh sein muss, wenn man sie lesen kann, meistens bleiben Reste.
Es gibt Leute, die mit künstlichen Beinen, ohne Augen oder mit nur Einer Niere „leben". Was mich betrifft, ich lebe seit 2 Jahren ohne Privatleben, es ist mir restlos wegoperiert worden, und ich hoffe sehr, dass diese hässliche und vollkommen unwürdige, dabei unsinnig anstrengende Art von Existenz bald ihr Ende finde.
Aus Ihrem Brief sehe ich, dass Sie noch ein Privatleben haben, und zur Zeit sich um dies Privatleben heftig wehren. Tun Sie das, und suchen Sie mit allen Kräften eine Ihnen gemässe Lebensform, auch wenn Sie alle „Pflichten" drüber versäumen. Die Pflichten beziehen einen grossen Teil ihrer Heiligkeit, wenn nicht die ganze, aus unsrem Mangel an Mut im Kampf um ein Privatleben. Nun, ich habe bis vor wenigen Jahren dies Pr.Leben gehabt, und es oft blutig und bitter erkämpft, und es war sehr schön. Um den Rest ist es nun nicht schade. Es grüsst Sie Ihr H. Hesse

München 6. Juli 1948.
z.Z. Nibelungenstr. 79

Lieber Herr Hesse, diesmal kommen meine Wünsche zu Ihrem Geburtstag zu spät. Aber es war kein Vergessen – ich war krank; ich war sogar sehr krank, eine unangenehme Form von Gelbsucht, die den Arzt eine unheilbare Blutzersetzung fürchten liess. Aber

ich bin noch einmal davongekommen. Und nun beginne ich wieder zu leben.
Aber ehe ich weiterschreibe: vor dreizehn Jahren schrieb ich Ihnen zum erstenmal zum 2. Juli und damals wünschte ich Ihnen herzlich und naiv „Glück“. Und heute? Ich habe Angst, irgendetwas zu sagen. Jene Bitterkeit, die aus Ihren Briefen der letzten Jahre spricht, macht mich scheu und verlegen. Auch weiss ich nicht, ob ein Gruss von mir Ihnen noch Freude macht. Peter Suhrkamp schrieb mir von seinem Besuch bei Ihnen und von Ihrer Unzufriedenheit mit meiner Entwicklung. Ich kann nichts tun als Ihnen sagen: ich tu das, was ich tun muss. Aber wie immer auch Sie mich sehen mögen: mein Herz hängt an Ihnen, an Ihren Gedichten vor allem, und an Ihnen selbst, und so muss ich Ihnen schreiben.
Vielleicht auch werden Ihnen meine neusten Arbeiten wieder gefallen. Meine allerletzte Geschichte heisst „Jan Lobel aus Warschau“[85], die Geschichte eines jüdischen „D.P.“[86] Alle, die sie lesen, finden sie „erschütternd“. Sie soll in der „Züricher“ abgedruckt werden (Fortsetzungen), und Carl Zuckmayer, dem sie besonders gut gefiel, will sie der „Neuen Rundschau“ (Stockholm) geben.
Ich glaube, ich werde allmählich doch noch gute Sachen schreiben, solche, die auch Sie wieder lesen mögen. – Es hat sich soviel ereignet in meinem Leben, dass es seltsam wäre, wenn sich das alles nicht in meiner Arbeit auswirken würde. Ich habe mich vor einigen Monaten in aller Ruhe von meinem Mann getrennt (nicht Scheidung vorerst) und ich gehe mit den Kindern nach München. Das hört sich einfach an. Aber in München eine Wohnung zu finden, ist fast unmöglich. So habe ich zwei volle Monate damit verbracht zu suchen, von Behörde zu Behörde zu laufen – endlich

---

[85] Zuerst veröffentlicht (1948) bei Harriet Schleber, Kassel.

[86] „Displaced Person“

bekam ich eine sehr hübsche kleine Wohnung in einer stillen Gartenstrasse. Aber sie ist bombenbeschädigt. Und nun musste ich das Material zum Bau finden, teils legal (wieder von Behörde zu Behörde, stundenlanges Stehen, oft vergeblich) teils illegal zu ungeheuren Preisen. Dann mussten Handwerker gefunden werden. Ich hatte nichts zum Bestechen. Endlich haben sich zwei Männer meiner erbarmt – es sind waschechte Kommunisten Münchner Prägung, die ohne Bestechung alles taten, während ich krank lag. Nun ist sie fast fertig, und nächste Woche ziehe ich vermutlich ein. Wie ich das alles in neuer Währung zahlen werde, weiss vorerst der liebe Gott. –
Alles ist jetzt neu – es ist ein ganz neuer Anfang, und das, was hinter mir liegt, war das, was man eine „Lebenskrise" nennt: ein sehr tiefes, dunkles Tal voller Schrecken und Verwirrungen. Die Trennung von meinem Mann, der Umzug, die Krankheit und – während dieser Krankheit – der Selbstmord meines besten Freundes, eines Californiers, Jude, der mich hier besuchte und mich heiraten wollte und das Leben nicht mehr ertrug als ich nicht wollte, obwohl ich es ihm vorher immer gesagt hatte. Dies alles war über mich hereingebrochen wie eine Katastrophe. Aber ich habe sie durchgestanden (ich lag während dieser Zeit bei Bekannten in München, und an meinem Bett, in fieberfreien Stunden, sind wunderbare Gespräche geführt worden – Menschen aller Art haben mit mir geredet über Dinge, die man sonst nicht sagt) – und jetzt lebe ich wieder – freier, lebendiger, wie gereinigt, und die Trauer um den toten Freund ist seltsam heiter. Ich lebe gerne, sehr gerne, ich bin bereit für das Leben, das kommen wird. –
Nun habe ich doch alle Scheu vor Ihnen vergessen und Ihnen alles gesagt, wie früher, im tiefen Vertrauen auf Ihre Menschlichkeit und Ihre alte Wärme. – Werden Sie mir wieder einmal schreiben?
Ihre Luise Rinser.

Liebe Frau Rinser
Ihr lieber Brief im Dezember kam zu einer Zeit, wo ich aus Baden zurückkommend hier die angehäufte Paket- und Drucksachenpost

von 5 Wochen antraf, und ehe ich den Kampf damit ernstlich begonnen hatte, kam schon die Lawine der Weihnachtspost, von der auch jetzt noch ungeöffnete und ungelesene Reste daliegen. Doch wurde Ihr Brief noch im Dezember gelesen. Da Sie darin eine Erzählung „Jan Lobel" erwähnen, die in der N. Rundschau erschienen sei, ging ich an die Suche und musste feststellen, dass ich das betreffende Heft nicht erhalten habe. Ich habe bei Bermann[87] reklamiert, erst in Amsterdam und Frankfurt, dann in Wien, aber das Heft bis heute nicht erhalten.

So kann ich für heute nur Grüsse schicken und Ihre Meinung zu korrigieren suchen, ich könnte Ihnen etwa böse sein. Ich habe eine Zeitlang von Ihnen nichts zu lesen bekommen, was mir gefiel. Aber das will wenig heissen, es gibt sehr selten noch etwas Literarisches, was mir gefiele, ich habe die Aufmerksamkeit und Neugierde für Literatur ganz verloren, kann ja der Augen wegen auch nur wenig lesen, und bin seit Kriegsende und gar seit dem Nobelpreis in einer Weise überbürdet, die auch ein Junger nicht lang ertrüge, und für die nur ganz wenige meiner Freunde Verständnis haben. Ob es Deutsche aus den K.Z.Lagern sind oder schriftstellernde deutsche Juden in Palästina: jeder, der deutsch schreibt und nicht grade Nazi ist oder war, legt mir seine Bücher und Manuscripte auf den Tisch, an dem für eigene Arbeit längst kein Platz mehr ist, und die meisten legen noch in langen Briefen ihr Leid, ihre Verluste und Sorgen mit dazu, betteln oder wollen Rat, ich soll Verleger suchen, kranke Kinder unterbringen – es ist nicht nötig mehr aufzuzählen.

Dies alles gehört zur Aussenseite meines Lebens, die aber allmählich alles überkrustet hat. Das Private besteht aus Kranksein, sehr viel Schmerzen, zwei aus Rumänien knapp geretteten Flüchtlingen, nächsten Verwandten m. Frau, die seit einem Jahr bei uns

[87] Gottfried Bermann Fischer, Verleger (1897–1995).

sind, und den Sorgen um meine Nächsten in Deutschland und andern Not- und Hungerländern.
Genug nun von diesem Kram. Er hat das Eine Gute, dass er mir die Aussicht auf den Tod leicht und angenehm macht.
Dass Sie sich wieder mit Suhrkamp befreundet haben, freut mich. Was das Moralische betrifft, gibt es keinen bessern Verleger. Nur hat von seinen neuen Büchern, soweit ich sie angesehen habe, sehr weniges mir gefallen. Dass er einen Autor wie W. Lehmann[88] verliert und dafür Axel Lübbe[89] oder ähnliches eintauscht, ist einfach ein Unglück.
Vielleicht bringt es dem Verlag Glück, dass Sie wieder dabei sind. Das wäre schön.
Ich grüsse Sie mit guten Wünschen. Ihr H. Hesse

LUISE RINSER
München-Laim
Flotowstr. 57 8.12.48 (was für ein hübsches Datum!)

Lieber Herr Hesse,
ich war vor ein paar Tagen mit Peter Suhrkamp und Frau und mit Bermann-Fischers zusammen in Frankfurt, und ich habe mit beiden einen Vertrag abgeschlossen, und nun gehöre ich wieder zu dem alten Kreis, und dies nun für mein Leben lang, soweit man so etwas wissen kann. Ich muss gestehen, ich habe ein Gefühl wie der verlorene Sohn, der heimgekehrt ist, und ich bin froh, wieder dort zu sein, wohin ich gehöre. Und seltsamerweise ziehe ich daraus die Folgerung, dass auch das so schmählich angenagte, ausgefranste Band zwischen Ihnen und mir durch ein neues, besseres ersetzt worden ist. (Ich schreibe bei einem ganz kleinen Petroleumlicht, da wir bis fünf Uhr abends Stromsperre haben!)
Ich denke, Sie haben die „Neue Rundschau“, und vielleicht haben Sie meine Erzählung „Jan Lobel“ gelesen. Ob sie Ihnen wohl

---

88 Wilhelm Lehmann (1882 -1968) Romancier und Lyriker.
89 Axel Lübbe (1888 - 1963): P. Suhrkamp verlegte 1948 Lübbes Roman *Erbe.*

gefallen hat? Ich möchte Ihnen das kleine Buch gerne schicken, wenn ich weiss, dass Sie von mir überhaupt wieder etwas haben wollen. Darf ich? – Ich habe viele Pläne im Kopf und ich glaube, ich lerne allmählich wirklich schreiben. Es ist schwerer als man denkt, wenn man jung ist und noch naiv in diesen Dingen.
Bitte, lassen Sie mich in ein paar Zeilen wissen, ob Sie mich auch wieder als zu den „Ihren" gehörend betrachten. Tun Sie es; - mein Weg führt wieder dahin, woher die „Gläsernen Ringe" stammen. Auf Umwegen – aber ganz sicher.
Ihre Luise Rinser.
(Sollte an der Zahl 13 doch etwas Böses sein? 1948 war das 13. Jahr unseres Briefwechsels!!!)

München 42
Flotowstr. 57 9. August 1949.

Lieber Herr Hesse
ich habe dieses Jahr nicht einmal zu Ihrem Geburtstag geschrieben, aber nicht weil ich vergessen hätte, sondern weil ich Ihre Korrespondenz nicht noch vermehren wollte. So komme ich also fünf Wochen später als alle andern und hoffe, dass ich freundlich aufgenommen werde. Ich freute mich so sehr über Ihre Karte. Sie schrieben mir, meine Erzählung „Jan Lobel" habe Ihnen so gut gefallen. Das ist sehr schön für mich. Ich habe – nachdem ich ein ganzes Jahr Journalismus (nur) machte (ich mache ihn schon seit 1945) und eine so gute Rezensentin wurde, dass sogar unser Freund Peter Suhrkamp mir seine Bücher ausdrücklich zur Rezension für die „Neue Zeitung" übergibt, – begonnen, einen Roman zu schreiben. Er wird „Hälfte des Lebens"[90] heissen und er will zeigen, dass kein Mensch sich selbst und den andern kennt. Ein Roman, in dem der simple zeitliche Ablauf durchbrochen ist

[90] Tatsächlich erhielt er den Titel „Mitte des Lebens" und erschien 1950 bei S. Fischer.

durch vielfache Ausfälle nach „Vorwärts" und „Rückwärts". Ich habe mich entsetzlich gequält bis ich anfangen konnte, dann fünfmal begonnen, alles wieder verworfen und schliesslich wirklich geschrieben, und jetzt geht es hoffentlich gut weiter. Ich stürze mich jeden Tag mit neuer Verzweiflung in die Arbeit. Meine Kinder sind mit meiner Haushälterin an der Nordsee, ich bin ganz allein, es ist schwierig, weil ich die Kinder so sehr gewöhnt bin, und ich bin dauernd versucht auszubrechen aus der Klausur, aber ich halte mich streng an die Arbeit. Es ist ein schwieriger Zustand, weil man der Besessenheit gänzlich verfällt und keine Korrektur durch das normale tägliche Leben hat. Aber es ist natürlich auch sehr herrlich.
Neulich sah ich zum erstenmal in meinem Leben Thomas Mann, und ich hörte seine wundervolle Münchner Rede über das Thema „Freiheit contra Gleichheit" (so formuliere ich es), er sagte: Goethes aristokratisches Denken und Goethes demokratisches Denken. Ein höchst aktuelles Thema. Ich sprach auch ein wenig mit ihm, über Suhrkamp auch, den er vorher nicht kannte und den er sehr bewundert, wie er sagt (ich schrieb es gleich an Peter S.) Ich bin jetzt öfters in Frankfurt und habe mich sehr an P.S. angeschlossen. Er ist sehr sehr krank.
Und sonst – was ist sonst in Kürze zu berichten? Ich werde übersetzt und in Amerika u. Italien gedruckt, ich bin wieder bei Suhrkamp, zu Weihnachten macht er eine Neuauflage der „Gläsernen Ringe", die Sie so gern hatten, und nächstes Jahr soll mein Roman bei ihm erscheinen und dann ein Band Erzählungen. Wissen Sie, dass es sich dieses Jahr zum 14. Male jährt, dass ich Ihnen zum erstenmal schrieb? Damals war ich ein Mädchen, jetzt bin ich 38, eine Frau mit zwei grossen Söhnen – seltsam.
Wie geht es Ihnen? Ihrem Haus und Ihrem Garten? Ihrer Frau? Haben Sie wieder Katzen? Eigentlich könnte ich in die Schweiz reisen, ich habe etwas Geld dort, – aber nun hält mich mein Roman hier fest, ganz unwiderruflich. Eigentlich ist ein Schriftsteller ein armes Luder, Sklave einiger Einfälle, die ihn festschmieden und ihn in Schach halten – und hinterher ist es doch

nie das, was man machen wollte – immer ists weniger gut als man erwartete. Aber wie auch immer: was sollte ich sonst tun als schreiben? Ich liebe diese gottverdammte Arbeit.
Eben geht – nach Monaten – ein starkes Gewitter nieder, es giesst, meine Fenster sind blind vor Regen, schön ist das, wir waren ganz vertrocknet vor Hitze.
Vergessen Sie mich nicht, bitte.
Ihre alte Luise Rinser

Bremgarten bei Bern August 49

Liebe Frau Rinser

Da meine Frau die Hitze nicht verträgt, haben wir die heisseste Zeit im Engadin zugebracht und sind von da für kurzen Besuch noch zu den Freunden hierher gekommen, zwei meiner Söhne wohnen in der Nähe. Bald werden wir wieder zuhause sein. Hier bekam ich Ihren Brief, erfreulich bis auf die Nachricht über Suhrkamps Befinden, die mich schon von andrer Seite her beunruhigt hatte.
Thomas Mann habe ich diesmal nicht gesehen, ich hatte angenommen seine deutsche Reise finde etwas später statt, und so haben wir uns verfehlt, haben einander aber ein Wiedersehen für nächstes Jahr versprochen. Es ist immer wohltuend und erfrischend, mit ihm zu sprechen, da hinter seiner Weltmannshaltung und disziplinierten Form die ganze Weite einer Dichterphantasie und Künstler-Jugendlichkeit vorhanden ist, wenn man sie anspricht.
Dass Sie tapfer an der Arbeit sind und ein Roman von Ihnen bevorsteht, ist mir lieb zu hören. Meinerseits bin ich aus der Kompliziertheit des dichterischen Gewerbes zu den Anfängen zurück gekehrt und habe in den letzten Jahren, soweit ich

überhaupt noch zum Schreiben kam, nichts andres gemacht als Versuche im engsten Rahmen, ein Stückchen Wahrheit, einen Mund voll erlebter oder beobachteter Wirklichkeit aufzuzeichnen. Ich habe dabei wiederentdeckt, was ich auch früher schon wusste aber vergessen hatte, dass dies Streben nach Wahrheit äusserst illusorisch ist. Nun, so sind alle Entdeckungen beschaffen.
Für einige Wochen erwarte ich meine jüngere Schwester[91], die ältere[92] war über den Frühsommer bei uns.
Leben Sie wohl, grüssen Sie Suhrkamp, und beissen Sie sich recht mit dem Roman herum. Es grüsst Sie ihr

H. Hesse

Muenchen 42 — 12. Juli 1950.
Flotowstr. 57

Lieber Herr Hesse, dieses Jahr feiern wir wieder einmal Jubiläum: Es ist das fünfzehnte Mal, dass ich Ihnen zu Ihrem Geburtstag schreibe – ein wenig zu spät wie immer, absichtlich, um nicht den grossen Stoss, der Sie an diesem Tag erreichen wird, noch zu vergrössern. Ich danke Ihnen für Ihren Gruss, das „Brief-Mosaik" und das Zeitungsblatt „Einst in Würzburg". Ich muss in diesen Tagen so besonders oft an Sie denken und an Ihr Kriegsgedicht. Ja, nun bereiten sie sich wieder vor zu morden, hier und dort, und das Schreckliche ist, dass man wieder, wie 1939, einverstanden sein muss, da es nun schon wieder so weit ist, dass es um den Rest der Freiheit geht, der uns noch verbleibt. Ich habe vor nicht viel mehr Angst. Aber ich habe Angst vor der Tristesse der vollkommenen Durchorganisierung des Lebens. Ich war eben in Berlin, im Ostsektor. Ich gefror dort zu Stein. Einige meiner frühern Freunde fühlen sich dort ganz wohl, sie zeigen einen blitzblanken Elan, den ich früher nie an ihnen bemerkte. Nun gut. Ich war auch mit einer Anzahl neuer russischer Emigranten zusammen (auf dem Kulturkongress) – Wissenschaftler, die erst vor kurzem aus Russland

---

91 Marulla (Marie) Hesse
92 Adele Gundert

flohen. Jeder von ihnen hat das Todesurteil, weil sie nicht linientreu lehrten.
Ich habe das Provisorische des Lebens nie so stark empfunden wie jetzt, aber auch selten meine Liebe zu diesem provisorischen Leben so heftig wie gerade jetzt.
Noch sitzt man also und schreibt Geschichten. Ich habe einen neuen Roman[93] fertig, er wird im Oktober erscheinen. Bei S. Fischer. Ich habe meinen alten Freund Peter verlassen, mit seiner Zustimmung, weil ich mit Bermanns Teilhaber Landshoff sehr eng befreundet bin. Es kostete mich einige Kämpfe, innerlich. Ich habe die ganze Geschichte in Frankfurt miterlebt. Es sind Fehler auf beiden Seiten gemacht worden. Auch Peter hat Unrecht getan. Das ganze war betrüblich. Aber es ist nun geschehen. Peter wird mit Ihnen und Eliot einen wunderschönen Verlag machen. (Ich traf ihn kürzlich in Berlin, er sieht herrlich erholt aus.)
Was mich anlangt: ich schreibe, arbeite, lebe. Meine Bücher werden auch übersetzt. Knopf, Calman-Lévy (und so weiter) bringen meinen neuen Roman. Aber über diese Dinge kann ich mich nie länger als einen Tag freuen. Ich renne wie ein Jagdhund immer neuen Arbeiten nach. Abgelegte Sachen sind eben vorbei. – Meine Kinder, sie sind nun 10 und 9 Jahre alt, machen mir grosse Freude; sie sind sehr begabt und sie sind kleine Menschen, voller Mitgefühl, Takt und Vernunft. Ich werde nun auch bald 40 – mein Gott, als ich Ihnen zum erstenmal schrieb, war ich ein junges Ding, verwirrt, heftig und durch nichts zu beruhigen. Das ist lange her. Aber ich werde nicht alt. Ich lebe; ich spüre es in jedem Augenblick, dass ich lebe.
Im Frühling war ich in Frankreich, im Süden, und dann vier Wochen in Paris – meine erste Auslandsreise nach dem Krieg. Ich kam ganz verwandelt zurück. Wie bitter nötig haben wir jungen deutschen Autoren die lebendige Verbindung zur Welt. Wie pro-

---

93 *Mitte des Lebens.*

vinziell sind wir geworden! Ich lese gerade die Bücher der, wie man sagt, begabtesten deutschen jungen Autoren. Ach – die eine Hälfte ist Hemingway, die andere Kafka. Ich langweile mich.
Nach und nach habe ich auch wieder alle Ihre Bücher beisammen, das ist schön. Und schon beginnt man wieder zu überlegen: Was nähme ich mit, wenn ...
Denken Sie nicht, dass ich auch angesteckt bin von Kriegspsychose. Ich bin ganz ruhig. Es sind nur nüchterne Erwägungen. Man muss damit rechnen. Wir haben sovieles schon erlebt.
Zum Schluss mein Glückwunsch für Sie: Frieden, nichts als Frieden.
Ihre Luise Rinser

München 19 22.II.51.
Pickelstr. 13

Lieber Herr Hesse,

ich wollte Ihnen eigentlich meinen neuen Roman „Mitte des Lebens" schicken, aber ich habe die leise Sorge, als seien Sie mir böse, weil ich meinen Freund Peter „verlassen" habe. (Obgleich das natürlich mit meinem Buch nichts zu tun hat.) Darum warte ich lieber darauf zu hören ob Sie es haben wollen oder nicht. Es soll sehr gut sein, sagt man. Vielleicht ist es so, ich weiss es nicht. – Dass ich Peter verlassen habe, hat bei mir ganz andere Gründe als bei andern. Meine Freundschaft mit ihm dauert weiter; ich besuchte ihn vor einigen Wochen, und er freute sich, und er weiss genau, dass es ein höchst privater Grund ist, der mich bewog, zu Bermann-Fischer zu gehen. Ich bin engstens befreundet mit einem seiner Teilhaber, und es war mehr als Herzenshöflichkeit, dass ich zu ihm ging. Peter weiss das genau, er hat es gutgeheissen und nie eine andere Entscheidung von mir erwartet. Dass es bei mir nicht ohne innere Konflikte dabei abging, ist selbstverständlich.
Es täte mir aber sehr leid, wenn Sie es nicht verstehen würden und glaubten, dass ich aus irgendwelchen Berechnungen heraus es tat –

obgleich, wie mir scheint, es doch auch gut für mich war (so wie ichs jetzt sehe) da Peter keine jungen Autoren im Verlag hat, und sich ganz auf einige bestimmte grosse Autoren festlegt.
Sie haben lange nicht von mir gehört, aber ich freue mich immer noch über Ihre Karte, die Sie mir nach der Lektüre meines „Jan Lobel" (der Erzählung von dem polnischen Juden) schrieben, spontan und herzlich.
Hier schicke ich Ihnen einen Aufsatz von mir, das Ergebnis der Lektüre von rund 100 Büchern, einer Arbeit von über sieben Monaten. Es ist der erste Aufsatz dieser Art, der wirklich gründlich ist nach all dem, was bisher überall einfach dahergeredet wurde, hier und im Ausland. Ich denke mir, dass es auch für Sie einigermassen interessant ist, darüber zu lesen. Ist es das?
Herzlich Ihre Luise Rinser

[Ohne Ort und Datum]
Liebe Frau Rinser

Komisch ist das zugegangen: Freunde von uns besitzen Ihr Buch „Mitte des Lebens" und wir hatten sie gebeten, es uns zu leihen. Doch zog sich das hin, und erst dieser Tage bekamen wir es. Wir begannen gestern Abend mit der Lektüre, mit Interesse und Freude, – und heut Morgen kam Ihr Brief. Wir werden das Buch mit aller Teilnahme weiter lesen, nur haben wir das heut unterbrochen zu Gunsten Ihres grossen Aufsatzes über die junge Literatur. Was für eine Arbeit haben Sie da auf sich genommen! Wir sind dankbar dafür und haben uns gefreut.
Warum Sie nicht, wie es sonst selbstverständlich gewesen wäre, mit zu Peter Suhrkamp gegangen sind, weiss ich durch Peter selbst, der es uns beim letzten Zusammensein erzählte und mit vollem Verständnis erklärte. Es war und ist also bei mir keinerlei Verstimmung vorhanden.

Nah ging mir der Tod von André Gide[94]. Eine kleine Erinnerung an ihn hoffe ich Ihnen in etwa 8 Tagen schicken zu können.[95]
Herzlich grüsst Sie Ihr H. Hesse

München 19 31.III.51.
Pickelstr. 13

Lieber Herr Hesse, ich habe heute nacht so intensiv von Ihnen geträumt, nachdem ich tagelang an Sie gedacht hatte, dass ich jetzt schreiben muss, auch wenn es mir schwer fällt. Ich bin seit einigen Wochen sehr krank – eigentlich seit Monaten, aber vor einigen Wochen wurde die Krankheit akut und man brachte mich ins Krankenhaus. Es ist eine Leber-Gallen-Sache, voran eine schwere Cholaemie (Galle-Vergiftung), (es geht mir aber jetzt besser) die im übrigen ein Gutes hat: sie wirkt euphorisch – man ist ganz vergnügt und befindet sich in absoluter Unkenntnis des Ernsts der Situation. (Man verwendet in der Psychiatrie ein Rindergallenpräparat gegen manische Depression. Wie wärs, wenn man alle Schwermut der Welt mit grossen Dosen Rindergalle vertriebe??)
Nun: ich träumte, ich sei zu Besuch bei Ihnen, es war schön. – Ich weiss, woher der Traum kam (oder wahrscheinlich kam): Ich bin durch eine ziemlich schwere Krise gegangen (auch seelisch), und in solchen Zeiten revidiert man sein Leben. Ich sah um mich und sah eine grosse Menge von Leuten, die irgendwie mit mir „befreundet" sind, und ich fand, die meisten sind überflüssige Last, sie rauben Zeit (die kurze Lebenszeit) und machen das Leben unwesentlich. Ich fragte mich, wer von allen Menschen mir „wissend" erscheint, und da blieben nicht viele übrig, aber immer wieder dachte ich an Sie. – Und das ist der Grund zu diesem Brief. Es ist gut zu wissen, dass da und dort jemand sitzt, der „weiss".
Ich habe mich sehr über Ihren Brief gefreut und die nachfolgenden Blätter. Auch mir ging der Tod von Gide sehr nahe,

---

94 Der franz. Romancier war am 19.2.1951 gestorben.
95 H. Hesse, *Nachruf auf André Gide* (SW 12, 264 ff).

darum bedeutet mir Ihre Rede darüber besonders viel. Ich fühle mich Gide verwandt (pardon, das klingt dumm und anmassend, aber ich will es gleich erklären): mir geht es, wie ihm, um die Aufdeckung der Lüge. Nur: er konnte es, ich kann es noch nicht. Aber ich gehe denselben Weg. –
Es würde mich interessieren, ob Sie mein neues Buch mögen. Ich habe es mit einer Glut geschrieben wie nie etwas vorher, aber als es fertig war, habe ich es gehasst und später verachtet, – und Bermann-F. hatte viel zu tun mir auszureden, dass es ein überflüssiges, zu individualistisches, zu privates, kurzum: ein schlechtes Buch sei. Jetzt wird's ein Erfolg, Männer ärgern sich darüber aber lesen es, Frauen sind begeistert, und jetzt finde ich vieles darin recht gut.
Ich bekam aus der Schweiz Ihren Glückwunsch zu Peters 60. Geb.Tag., der soviel schöner und wärmer war als jener von R.A.Schröder in der „Neuen Zeitung“. Ich habe Peter auch sehr gern. Er und ich – wir haben eine seltsame Beziehung, treu, aber gespannt; manchmal führt sie zu zauberhaften Stunden der Harmonie, des Spiels auch (er kann herrlich verspielt sein, wissen Sie das? Wir haben einmal einen ganzen langen Abend gespielt, dass wir über uns – gegenseitig – sprechen als über Freunde: „Kennen Sie Peter Suhrkamp?“ „Kennen Sie Luise Rinser?“ Das war einer der schönsten Abende meines Lebens.) Natürlich spielt auch etwas sehr reizvoll Erotisches mit, das wir mit einem wissenden Lächeln gutheissen. Er sagte einmal von mir, ich sei (für ihn) eine „überzüchtete Bäuerin aus den Pyrenäen.“
Ich plaudere – dabei wird der Brief zu lang, und dabei bin ich traurig, weil mich die Krankheit nicht arbeiten lässt, u. ausserdem habe ich eine seit langem spielende sehr schwere Liebesgeschichte zu bewältigen (nicht zu schreiben, sondern zu leben) – Ursache meiner Krankheit – mais: c'est la vie. Und immer noch liebe ich

dieses Leben heiss. Vielleicht lieben auch Sie es noch immer? Ich möchte es Ihnen fast wünschen.
Verzeihen Sie den langen Brief – der Traum ist schuld.
Ihre Luise Rinser
Randbemerkung: Ich habe den Verlag gebeten (längst) mein Buch an Sie zu schicken. Aber es liegt in Holland fest, augenblicklich, der neuen Einfuhrbestimmungen wegen.

[Ohne Ort und Datum]
Liebe Frau Rinser
Danke für Ihren Traumbrief. Sie haben also eine Krankheit, die Euphorie bringt, da möchte ich wohl mit Ihnen tauschen. Bei mir wird es, je weiter und rascher es bergab geht, desto öder und bitterer. Darum schreibe ich auch so ungern Briefe. Und diesmal besonders ungern, denn Ihr Buch, das wir von Freunden entlehnt hatten, hat mir nicht gefallen, d.h. es haben mir die paar rein erzählerischen Stücke (die Entlassung aus d. Zuchthaus etc) sehr gefallen, das Buch selbst aber nicht. Darum bitte ich, es mir nicht schicken zu lassen, es wäre schade darum.
Wir haben Suhrkamp seine eigenen Schriften zum Geburtstag geschenkt[96] und es scheint ihm Spass gemacht zu haben. Hoffentlich rafft er sich bald auf und kommt ein wenig zum Ausruhen zu uns, er hätte es sehr nötig. – Ihnen wünsche ich, die Krankheit möchte ohne zuviel Verluste an Euphorie überstanden werden.
Herzlich Ihr H. Hesse

---

96 Peter Suhrkamp, *Ausgewählte Schriften zur Zeit- und Geistesgeschichte* (anlässl. seines 60. Geburtstags am 28.3.1951 in 350 nummerierten Exemplaren).

Luise Rinser

Hermann Hesse[97]

Im vergangenen Jahr hat Hesse, der Siebzigjährige, zugleich den Goethepreis und den Nobelpreis bekommen. Wer ist Hermann Hesse und warum ehrt man ihn so?
Er ist ein Dichter. Dieses Wort wird häufig mißbraucht. Leute, die Bücher oder Gedichte schreiben, sind Schriftsteller, aber nur einige Schriftsteller sind Dichter. Das Wort „Dichter" bezeichnet höchste Qualität: Reichtum an Einfällen, Beherrschung der Sprache und der dichterischen Form, Ursprünglichkeit, Einmaligkeit und geistige Kraft der Persönlichkeit, und jenes Unwägbare, das wir mit den Worten „Genius", „Gnade", „dichterische Berufung" nur unzulänglich treffen. Hermann Hesse *ist* ein Dichter. Was er schreibt, ist so ursprünglich, so unnachahmlich, in jeder Satzfügung so ganz er selbst, daß man ihn aus jeder Gedichtzeile und jedem Prosastück augenblicklich erkennt.
Unvergeßlich, wie Melodien voll Leidenschaft und Schwermut, haften seine Verse im Ohr:

> Vom Baum des Lebens fällt
> Uns Blatt um Blatt;
> O taumelbunte Welt,
> Wie machst du satt,
> Wie machst du satt und müd …

Oder jenes 1944 geschriebene Gedicht:

> … daß wir einmal fröhlich waren
> Und die Welt uns selig schien,
> War ein Traum. In grauen Haaren
> Stehn wir herbstlich und erfahren,
> Leiden Krieg und hassen ihn …

---

[97] Zuerst erschienen in Der Regenbogen, Ehrenwirth Verlag München, Februar 1947. Dieser Artikel hat wegen des Abdrucks des Gedichts „Leb wohl, Frau Welt" zu einer vorübergehenden Verstimmung zwischen Hesse und L.R. geführt. Vgl. die Briefe der Seiten 113–118.

Es gibt Gedichte aus allen Epochen seines Lebens, die vollkommen schön sind, deren gedanklicher Gehalt restlos in Musik verwandelt ist und die schlicht wie Volkslieder klingen. Aber Hesses Einfachheit ist nicht naiv. Sie ist ihm nicht in den Schoß gefallen. Sie ist die Frucht langer, mühevoller Arbeit, die letzte und höchste Stufe der Kunst. So ist das 1944 geschriebene Gedicht „Leb wohl, Frau Welt“ ein vollkommenes Gedicht, den schönsten Gedichten Goethes ebenbürtig:

Es liegt die Welt in Scherben,
Einst liebten wir sie sehr,
Nun hat für uns das Sterben
Nicht viele Schrecken mehr.

Man soll die Welt nicht schmähen,
Se ist so bunt und wild,
Uralte Zauber wehen
Noch immer um ihr Bild.

Wir wollen dankbar scheiden
Aus ihrem großen Spiel –
Sie agb uns Lust und Leiden,
Sie gab uns Liebe viel.

Leb wohl, Frau Welt, und schmücke
Dich wieder jung und glatt,
Wir sidn von deinem Glücke
Und deinem Jammer satt.

Dieses Gedicht enthält die Grundtöne seines Lebens: „Lust und Leiden“, „Glück und Jammer“, Leidenschaft und Müdigkeit, Hingabe an das Leben und Zweifel am Wert und Sinn dieses Wortes. Im ewigen Wechsel wie Tag und Nacht kommen und gehen diese Stimmungen, und es sind nicht nur „Stimmungen“. Es sind Spannungen. Es ist im Grund die eine große, qualvolle und fruchtbare Spannung zwischen Natur und Geist, oder, wie Hesse es nennt, „zwischen Vater und Mutter“. „Natur“, das ist alles, was Erde ist, Leidenschaft, Liebe, Frauen, Wein, Traum, Landschaft, Farbe, Wärme, Duft – die ganze „bunte und wilde“ Fülle des Lebens. „Vater“ aber, das ist der Geist, der den Zwiespalt ins Leben wirft, der mit strengen Forderungen durch Gewissensqualen, Kampf und Leiden das paradiesische Glück der Unschuld zerstört, um uns zu höherer, wissender Unschuld zu führen.

> „So zwischen Mutter und Vater …
> Zögert der Schöpfung gebrechlichstes Knd …“

In der Erzählung *Narziß und Goldmund* hat Hesse aus diesen beiden Hälften seines Wesens zwei Gestalten geformt, das lebensvolle Weltkind, der immer wieder Verführbare und Verführende, ist jener Hesse, der das Leben liebt, den heißen Traum, das Sinnenglück der Erde. Narziß aber, der Mönch, der Gelehrte, der Kühle, Strenge, ist der Gegenspieler; der Geist, der ewige Störenfried, der Warner vor dem Sichverlieren ans Leben, der Stachel im Fleisch, der Führer zur Überwindung des Leidens.

Wer so vom Zwiespalt lebt wie Hesse, der ist zwar höchster Erkenntnisse fähig, aber Unruhe ist sein tägliches Brot. „Stets sind wir unterwegs, stets sind wir Gast“, ist seine Klage, und zu manchen Zeiten steigert sich diese Unruhe zur Verzweiflung. „Besser niemals erschaffen zu sein.“ Aber nie verliert er sich völlig und endgültig an das Leiden, an die Dunkelheit. Immer wieder findet er Hilfe, sei es in den alten lateinischen Klassikern, in der Musik, in seinem Garten, in der östlichen Philosophie, bisweilen auch im Humor. In dem entzückenden kleinen Buch *Nürnberger Reise* erfindet er den „Beobachter in sich“, Abbild jenes kleinen, überlegenen Teils seines Bewußtseins, das dem Kampf in seinem Wesen, den komischen, rührenden, heldenhaften Versuchen zur Tapferkeit, mit Ironie und Humor zusieht. Immer wieder taucht er aus dem Dunkel auf, ein wenig zerzaust und verschrammt, das Gesicht noch naß von Schweiß und Tränen, aber voll neuer Begierde zu leben, zu lernen, zu arbeiten und zu lieben.

„Zwischen Schmerzen und Verzweiflung und würgendem Lebensekel immer wieder für einen Augenblick auf die Frage nach dem Sinn dieses so schwer erträglichen Lebens ein Ja zu hören, werde er auch im nächsten Augenblick schon wieder von der trüben Flut überspült, das genügt uns; dann leben wir wieder eine ganze Weile weiter, und leben nicht nur, ertragen das Leben nicht nur, sondern lieben und genießen es.“ Alle seine Bücher sind Ausdruck dieses ewigen Kampfes um das Eins-Sein mit sich selber, um die Erkenntnis des Lebens-Sinnes. Alles, was er je schrieb, ist so aus dem Innersten seines Wesens geboren. Alles ist Spiegel seines eigenen Lebens. Alles ist Bekenntnis. Diese Beschränkung auf Selbstdarstellung und Bekenntnis kann manchem als Mangel erscheinen. Aber der Mangel ist zugleich höchster Vorzug, denn nichts in seinem Werk ist bloß „Literatur“; nirgendwo ist etwas Oberflächliches, eitel und spielerisch Hinerzähltes. Alles, was er sagt, trägt das Zeichen der Wahrheit, des eigenen Erlebens, trägt den Glanz von schwer erkauftem Glück und die Spuren von Tränen, schlaflosen Nächten und heftigen Auseinandersetzungen mit den Schwierigkeiten seines eigenen Wesens und mit den Fragen und dem Schicksal der Zeit. Darum haben Hesses Bücher, wie etwa der *Demian*, eine tiefe Wirkung auf viele, besonders junge Menschen. Hesse hatte nie ein sehr großes Publikum. Seine Bücher sind keine Unterhaltungsliteratur„ sie sind keine „Reißer“, keine „Erfolge“. Dazu sind sie viel zu schwierig in ihrem gedanklichen Gehalt, viel zu anspruchsvoll in ihrer Sprache. Aber statt eines großen Publikums, das schnell rühmt und schnell vergißt, hat Hesse einen ständig wachsenden Kreis von treuen Lesern, die fast eine Gemeinde bilden, die in Briefwechsel mit ihm stehen, die auch im Dritten Reich die Verbindung mit ihm, dem von den Nazis Gehaßten nicht aufgaben und die während dieser Jahre die heimlich über die Grenze geflogenen pazifistischen gefährlichen Gedichte Hesses untereinander verschickten.

Hesse ist nicht nur ein Dichter, nicht nur ein Abseitiger, nicht nur ein „Individualist“ oder „Romantiker“, der sich, was man ihm oft zum Vorwurf macht, früh aus der Welt zurückgezogen hat in die Einsamkeit. Eine Hälfte seines Wesens gehört der „Welt“ und diese Welt ist böse und wahnsinnig geworden. 1914, mitten im

Siegestaumel, erhebt er mit Romain Rolland zum erstenmal seine Stimme gegen den Krieg. Von jenem ersten Friedensgedicht an

> Milder Stern, wann endlich du erscheinst
> Überm Feuerdampf der letzten Schlacht …

blieb er der unbeirrbare Warner vor dem Krieg. Er ist Deutscher von Geburt (2. Juli 1877 geboren in Calw im Schwarzwald), aber Herkunft, Erziehung und Lebensgang machten ihn zum Europäer und zum Weltbürger. Sein Vater war Deutschrusse, seine Mutter französische Schweizerin, in Ostindien geboren, sein ältester Bruder, in Indien geboren, ist Engländer, seine übrigen Geschwister sind Deutsche, er selbst hat die Schweizer Staatsangehörigkeit. Im Hause seines Vaters, des aus Indien heimgekehrten Missionars, gingen Angehörige aller Länder und Rassen aus und ein, früh schon begegneten dem Kind hier Europäer aller Länder, Ungarn, Hindus, Juden. Für ihn ist *jeder* Mensch, und er lernt früh begreifen, was er vor kurzem in seinem Dankbrief zur Nobel-Feier nach Schweden schrieb: „Es lebe die Mannigfaltigkeit, die Differenzierung und Stufung auf unserer lieben Erde! Herrlich ist es, daß es viele Rassen und Völker gibt, viele Sprachen, viele Spielarten der Mentalität und Weltanschauung." Nationale und rassische Feindschaften sind ihm unbegreifliche Verirrungen der Menschheit. Er leidet tief darunter. Zwischen den beiden Weltkriegen, 1929, sah er prophetisch einen neuen Krieg voraus:

> Der Vogel flieht, aus seinem blutgen Schnabel
> Schreit Todesklage über die ganze Welt …

Und weiter:

> Für sie alle, die Satten und Frohe,
> Die Starken und die Rohen,
> Gibt es nicht Kain noch Abel, nicht Tod noch Leid,
> Und den Krieg preisen sie als große Zeit.

Zehn Jahre später, beim Ausbruch des zweien Weltkrieges, ruft er verzweifelt aus:

> Nun, so ist der Sinn des Lebens
> Wieder einmal Wahn geworden
> Gehet schießen! Gehet morden!
> Unser Mühen war vergebens.

Dieser zweite Weltkrieg hat Hesse fast zerbrochen. Es stürmte zu viel auf ihn ein, persönliches und überpersönliches Leid: seine Bücher, in Deutschland gedruckt, wurden durch Bomben vernichtet und der Neudruck verboten; sein Verleger und viele seiner Freunde wanderten in Gefängnisse, die Verwandten seiner Frau starben in den Konzentrationslagern, und die deutsche Kultur, der er sich tief verbunden fühlt, wurde zerstört. Seine Briefe klingen seither todestraurig, und oft scheint es, als hätte er nur mehr den einen Wunsch: zu sterben.

Aber in seinem Brief nach Schweden schreibt er: „Doch bin ich geistig ungebrochen." Und immer wieder nimmt er tätigen Anteil am Schicksal der Zeit. So wie er im ersten Weltkrieg sich sofort der Schweizer Regierung zur Verfügung stellte und bald eine wunderbare Bibliothek für die deutschen Kriegsgefangenen eingerichtet hatte, die Hunderttausende von deutschen Arbeitern, Studenten und Gelehrten mit Literatur zur Fortbildung versorgte, so tut er auch heute, was er kann, um das Leid der Welt zu lindern: viele hundert Bände seiner eigenen Bücher aus Schweizer Neuauflagen verschenkt er an die deutschen Kriegsgefangenen. Eine Anzahl deutscher Freunde versorgt er mit Paketen, und dies heute, wo er selbst kaum mehr Einnahmen hat und das Geld dazu durch den Verkauf von Privatdrucken verdienen muß, durch „kleine Bettelgänge im Kreise der Schweizer Freunde und durch Herstellen von Bilderhandschriften", wie er selber schreibt. Wie schwer es ihm fällt mit seinen kranken, schmerzenden Augen und den gichtgeschwollenen Händen zu schreiben und seine reizvollen kleinen Aquarelle zu malen, davon spricht er nicht. Viele von seinen deutschen Freunden verdanken es seinen Briefen während des letzten Jahrzehnts, daß sie standhaft blieben. Viele von ihnen hat er getröstet, gewarnt und erzogen. Und wenn er nun den Nobelpreis bekam für sein Werk, in deutscher Sprache und in deutschem Geist geschrieben, so bedeutet dies, wie er schreibt, „eine Anerkennung des deutschen Beitrags an die Kultur", und es ist uns ein Beweis dafür, wieviel Hesse, der Dichter und Pazifist, dazu beigetragen hat, daß die Völker der Erde den Glauben an dieses Deutschland nicht aufgegeben haben. So ist es Hesse gelungen, mitten in Verzweiflung und Müdigkeit etwas Positives zu erreichen, und dies ist das Zeichen seines Lebens: das „Trotzdem", der Glaube an den Sieg, an die Liebe, an den ewigen Frieden,

> diesen unvernünftig zähen
> Kinderglauben mancher Dichter
> An unlöschbar ewige Lichter,
> die hoch über allen Höllen stehen.

Luise Rinser

Hermann Hesse und die fernöstliche Philosophie

Vortrag anlässlich der Hesse-Woche in Berlin 1978

Als Motto stelle ich über diesen Vortrag einen Satz von Simone Weil:

> Odysseus, den Seeleute während des Schlafes fortgebracht hatten, erwachte in einem unbekannten Land und sehnte sich mit solchem Verlangen nach Ithaka, dass es ihm die Seele zerriss. Plötzlich öffnete Athene ihm die Augen, und er erkannte, dass er auf Ithaka war.

Bei dem, was ich zum Thema „Hesse und der Ferne Osten" zu sagen habe, unterstelle ich, dass ich nicht zu lauter Hesse-Experten und Indologen und Sinologen spreche, sondern zu Menschen, die sich für Hesses Indienvorstellung interessieren, weil sie selber eine Beziehung zu Indien haben oder suchen, zu einem Indien, von dem wir hartnäckig meinen, es sei Indien und Hesse habe es authentisch dargestellt.
Indien, realistisch gesehen, nämlich geographisch und politisch, ist ein Land der Dritten Welt, jahrhundertelang von seinen eigenen Fürsten missregiert, von einer Art Mafia, Tagh genannt, terrorisiert, im 19. Jahrhundert von den englischen Kolonialherren ausgebeutet, versuchsweise auch geordnet, dafür den Hass der Inder erntend, die in Massakern auch englische Frauen und Kinder töteten, ein Land, in dem es heute immer noch das Kastenwesen hinduistischen Ursprungs gibt, ein Land mit einem unerträglichen Gefälle zwischen ungeheurem Reichtum und ungeheurer Armut,

ein auch kulturell heruntergekommenes Land, das den Westen überschwemmt mit Heilslehrern, Maharishis und Gurus, von denen die meisten Scharlatane sind, die sich bereichern auf Kosten religiös Suchender – das ist Indien. Und das ist Ziel unserer Sehnsucht? Das soll ein Lebensmodell abgeben für uns?
Dies alles wissend, kam ich vor einigen Jahren dorthin, wenn auch nur nach Delhi und Umgebung und nur für kurze Zeit, aber: als ich an einem frühen Aprilmorgen aus dem Flugzeug stieg und schließlich müde und erwartungslos auf dem hässlichen Platz hinter dem Flughafen stand, da fühlte ich plötzlich einen Schlag mit dem Stab des Zen-Meisters und ich wusste: das IST Indien, und wirklich jenes Indien, das Ziel der Sehnsucht sein kann, ein Indien, das nach Weihrauch und Blüten riecht und in dem Göttliches anwesend ist, stärker als an vielen anderen Orten der Erde. Ein Land, das nichts anderes besitzt als Religion. Kein Wunder, dass es dort die bedeutenden religiösen Zentren gibt wie Pondicherry, gegründet von Aurobindo, und den Ashram des Lama Anagarika Govinda. Es gibt auch die unbekannten Stätten der Religion wie jenes kleine Dorf, in das der deutsche Jesuit Klostermann ging, um die Inder zum Christentum zu bekehren und der dort mit ihnen zusammen herausfand, wie nahe Christentum und Buddhismus liegen und wie sie in der Tiefe sich begegnen. Es gibt auch im heutigen verrotteten Indien etwas, das wir westlichen Menschen hier entbehren und dort finden können. Es ist weniger eine andre Weltanschauung, weniger ein andrer religiöser Glaube, sondern ein anderes Lebensklima, das wir mit dem Wort Verinnerlichung ungefähr treffen. Ich wähle lieber ein Wort Teilhard de Chardins, der auch selbst lange im Fernen Osten lebte, zwar nicht in Indien, sondern in China, aber im Geist des Ostens zuhause war. Er spricht von „amorisation“, von Durchliebung der Erde. Davon wusste auch Gandhi, der Prediger der Gewaltlosigkeit, und Rabindranath Tagore, der Dichter der Weltliebe. Die

Vorstellung von der Weltliebe, von der All-Einheit, faszinierte auch Hesse. Er hat sie im „Siddhartha“ dargestellt.
Indien, das ist für Hesse und uns also kein geographisch-politischer Raum, sondern ein geistig-seelischer Ort. Indien, das ist die Chiffre für unsre Sehnsucht nach Befreiung von Materialismus, Individualismus, Aggression, Intellektualismus – in einem Wort: die Erlösung des Westens durch den Osten.
Ehe ich mehr sage über Hesses Indien-Vorstellung und ihre Quellen, will ich etwas sagen über meine eigene Beziehung zu Hesse und Indien, denn sie ist typisch für die Antwort meiner Generation auf Hesses geistiges Angebot. Ich gehöre zu jener Generation, die zwischen den zwei Weltkriegen jung war und das tiefe „Unbehagen an der Kultur“ (ein Wort Freuds) erlebte. Das materialistische Denken ödete uns an. Kirchen, Parteien, Nationen – das waren überlebte, ausgehöhlte Begriffe, keine Wirklichkeiten mehr. Ein Teil von uns wurde pazifistisch im Sinne Gandhis, ein andrer sozialistisch im Sinne der Rosa Luxemburg, der andre aber steuerte dem Faschismus, dem deutschen Nationalsozialismus zu, welcher der männlichen Jugend auch ein faszinierendes Ideal anbot: das des Ritterordens der SS. Die übrigen wurden Kommunisten und gingen später in den politischen Widerstand und starben in den KZ's. Gemeinsam war uns allen die radikale Abwendung von der Elterngeneration, vom Bürgertum, vom händlerischen Ungeist.
Damals entdeckten wir Nietzsches „Zarathustra“. Auch Hesse entdeckte ihn neu, vor uns, und er schrieb 1919, anonym damals, einen expressionistisch flammenden Aufruf an die deutsche Jugend mit dem Titel „Zarathustras Wiederkehr“. Damals entstanden Jugendbünde aller Art, damals versammelte sich die Elite deutscher Jugend auf dem Hohen Meißner und plante die große Erneuerung des Menschen. Damals freilich bemächtigten sich auch die jungen Faschisten des Zarathustra und verstanden ihn in ihrem Sinne.
Ich war damals ein Schulkind. Hesse lernte ich erst 1935 kennen. Bemerkenswert ist, dass ich, lange vor dieser Bekanntschaft,

zwanzigjährig, eine Erzählung schrieb mit dem Titel: „Auf dem Dach der Welt.“[98] Damit meinte ich den Himalaya und Indien. Ich erzählte von einer Gruppe europamüder Jugendlicher, die sich von den falschen Autoritäten der Eltern und Lehrer lösen und, Europa seinem Untergang überlassend, nach Osten wandern und dort, im Himalaya, eine Kommune gründen, ein sozialistisches Kloster mit dem strengen Gelübde der Besitzlosigkeit und Gewaltlosigkeit. Man sieht: Indien lag in der Luft, so sehr, dass ein junger Mensch ganz von sich aus auf die Vorstellung Indien kam und dort das Heil suchte.

Erst 1935 begann ich, die Reden Buddhas in der Neumann'schen Übertragung und die Bagavadgita zu lesen, das große Epos vom Kampf zwischen Licht und Finsternis. Und dann fiel mir Hesses „Siddhartha“ in die Hände. Ich hatte schon „Steppenwolf“ gelesen und „Demian“ mit einiger Begeisterung, und „Narziß und Goldmund“ mit Ablehnung, da es mir halbverdaute Tiefenpsychologie zu sein schien und auch kitschig. Aber „Siddhartha“ schlug wie der Blitz in mich ein. Es geschah etwas mit mir. Was es war, verstehe ich erst heute ganz: mir öffnete sich ein Tor zum Osten. Es hat sich seither nie mehr geschlossen, es ließ mich ein für alle Male eintreten in die fernöstliche Welt. Damals hat Hesse mich so beeinflusst, dass ich auch seinen Stil nachahmte, als ich schließlich mein erstes Buch, „Die gläsernen Ringe“, schrieb. Hesse hat es dann auch als etwas tief Verwandtes erkannt und sehr geliebt und während des Krieges im Ausland als einen Beweis für die Existenz des „andern Deutschland“, des geistigen und wahren, überall verbreitet. In diesem sonst halbwegs autobiographischen Buch erfand ich mir einen aus Indien kommenden Großvater, einen Großen Vater also, einen Meister, einen Guru, dem ich mich verbündete, während ich mich der übrigen Familie entfremdete. Der Osten in

---

98 Das Manuskript ist leider verschollen, und es existiert auch kein Druck.

mir brachte dem Westen in mir damals die erste Andeutung von möglicher Erlösung.

Aber Hesses Einfluss auf mich, auf viele von uns, war nicht nur ein ästhetisch-esoterischer, sondern ein handfest politischer: Hesse erschien uns (und er war es) in der Hitler-Ära der Wächter unseres Gewissens, der Mahner, Warner, Führer. Wer Hesse vorwirft, er sei ein unverbindlicher Indienschwärmer gewesen, der muss erfahren, dass Hesse, der 1911 realiter nach Indien entfloh, später, in „Zarathustras Wiederkehr", den Fluchtgedanken ausdrücklich verwarf. Er selbst war ein tapferer Streiter für Gerechtigkeit und Gewaltlosigkeit und gegen den Hitler-Ungeist.

Man wird Hesses Indienschriften nur gerecht, wenn man sie auf diesem Zeit-Hintergrund sieht. Was man Hesse als Flucht, als Indien-Ausflucht ankreiden möchte, war in Wirklichkeit die Flucht nach vorn, in eine gewandelte West-Welt, deren schwere Geburt wir miterleben.

Hesses Indien-Vorstellung ist konzentriert im „Siddhartha". Was dieses Werk für Hesse selbst und damit für uns bedeutet, habe ich begriffen, als ich dagegen Thomas Manns Erzählung „Die vertauschten Köpfe" las; er nannte sie eine „indische Legende". Stoff und Details übermittelte ihm der Indologe Zimmer. Er selbst war nie in Indien und hatte wohl nie den Drang, dorthin zu reisen.

Es gibt auffallende Ähnlichkeiten der beiden „indischen Legenden", Ähnlichkeiten im Unwesentlichen, und eine tiefe Verschiedenheit im Wesentlichen.

Hesse schrieb seinen „Siddhartha" zwischen 1919 und 1922. Thomas Mann schrieb sein indisches Buch 1939. Beide Erzählungen spielen im Lande Indien, beide Autoren haben sich mit Schopenhauer und seinen Aufsätzen über fernöstliche Philosophie beschäftigt. Beide arbeiten mit Symbolen und Bildern. In beiden Erzählungen sind die Helden zwei Freunde, die, kunst-technisch betrachtet, durch die Spaltung einer einzigen Person entstanden; einer stellt die intellektuelle, geistige, bewusste Hälfte dar, der andre die vital-unbewusste. In beiden Erzählungen geht es um die

Auflösung einer schmerzenden, aber kreativen Spannung, und um ein Heimfinden im Tod.

Der Inhalt der Thomas Mann'schen Erzählung ist, kurz, dieser: Zwei Freunde lieben dieselbe Frau. Einer bekommt sie zur Ehefrau, der andre zur Geliebten. Das geht eine Weile, aber nicht lange. Die Männer sehen keinen andern Ausweg als sich zu töten. Im Tempel der Göttin Kali schlägt sich jeder den eigenen Kopf ab. Die Witwe sieht das Unheil und schreit um Hilfe. Die Göttin erbarmt sich ihrer und erlaubt ihr, die säuberlich abgetrennten Köpfe wieder an die Körper zu fügen. In der begreiflichen Aufregung vertauscht die Frau die Köpfe. Die Geschichte geht übel aus, nämlich mit dem Tod aller, und diesmal endgültig.

Eine makellose Meister-Erzählung natürlich. Sie enthusiasmiert den Kenner. Bewirken kann sie weiter nichts. Das muss und will sie ja auch nicht.

Anders Hesse mit seinem „Siddhartha".

Der Inhalt: Siddhartha, Bramahnensohn, ist unglücklich. Er verlässt sein reiches Elternhaus und geht mit seinem Freund Govinda, dem nicht-intellektuell Frommen, in die Wälder, schließt sich wandernden Asketen an, lernt von ihnen, was zu lernen ist, betreibt Askese bis zum Äußersten, gewinnt nichts außer einigen magischen Kräften, verlässt die Asketen, sucht die Nähe des großen Buddha Gotama, kann auch dessen Lehre nicht übernehmen, verlässt den Freund, der bei Buddha bleibt, entschließt sich zum weltlichen Leben als Kaufmann und Liebhaber einer Kurtisane, treibt auch diese Art Leben bis zum Äußersten, wird unglücklich, versucht den Selbstmord, zieht sich wieder in die Wälder zurück, wird Fährmann am Fluss und findet endlich Frieden in der (hinduistischen) Erfahrung der All-Einheit und All-Liebe.

Zwischen der Abfassung des ersten und des zweiten Teils lag eine lange Zäsur. Eineinhalb Jahre blieb das begonnene Manuskript liegen. Hesse kam nicht weiter. Sonderbar. Denn: was war natürlicher, als dass Siddhartha nach der Weltflucht die Wieder-Hinwendung zur Welt vollziehen musste. Aber dass das Hesse einfach nicht einfiel, das eben war sein Problem. Er sagt, er konnte nie etwas schreiben, was er nicht selbst gelebt hatte. Und die Welt der Kamala, der Kurtisane, die hatte er damals noch nicht erlebt, und, wichtiger noch, aber damit zusammenhängend: ihm fehlte das Ur-Erlebnis der Einheit mit allem.

Als Hesse Thomas Manns „Vertauschte Köpfe" gelesen hatte, schrieb er dem Autor: „Ihre Legende hat mir viel Freude gemacht. Ihr Spiel zwischen Ernst und Mutwille ist einzigartig." Das ist alles. Zwischen den Zeilen können wir lesen: Lieber Thomas Mann, du bist ein Meister der Sprache und des Gestaltens, aber von Indien hast du rein gar nichts begriffen, während ich Indien erlebt und erlitten habe.

Hesses Siddhartha ist, was Thomas Manns Legende nicht sein will und nicht ist: reines Bekenntnis. Für Hesse ist Dichtung sozusagen per definitionem Bekenntnis, ja Beichte. Einmal sagt er sogar direkt, die Funktion der Dichtung sei die der Psychoanalyse, das will heißen: Abstieg ins eigene Innere, in die Schattenhälfte der Persönlichkeit, das Risiko der Begegnung mit den dunklen Kräften des Unbewussten. Er sagt auch, Dichtung als Beichte sei immer Rechtfertigung.

Unsere Frage: wem gegenüber musste Hesse sich rechtfertigen und was musste er rechtfertigen, wofür sich entschuldigen, wovon sich rein beichten?

Der Jüngling Siddhartha verlässt sein Elternhaus, er verlässt damit das ganze System brahmanischer Tradition. Brahmanismus aber ist der theologische Überbau des Hinduismus. Damit übersteigt der junge Mensch die tradierte Moral, die das gewordene Kollektiv-Gewissen ist. Er anerkennt ausdrücklich nur mehr eine einzige Instanz: sein eigenes Gewissen. Er zerstört den Überbau seiner Person, er macht sich auf die Suche nach seiner eigenen Wahrheit, das heißt: nach seinem wahren Selbst.

Die Ablösung von der Kollektiv-Moral bereitet Schmerz dem Sich-Ablösenden und jenen, von denen er sich löst. Dieser

Schmerz ist wesentlich Schuldgefühl. Dieses Schuldgefühl drängt nach Rechtfertigung der Ablösung. Hesse projiziert die eigene Situation auf seine dichterische Kreatur Siddhartha. Hesse IST Siddhartha. Siddhartha verlässt Elternhaus und Tradition, er verlässt den Brahmanismus mit seiner Dogmatik und Kasten-Struktur. Hesse, der schon als Schüler dem theologischen Seminar Maulbronn entlief (was sein kluger, weiser Großvater als „Genie-Reisle" erklärte), verließ die pietistisch-protestantische Bürgerwelt mitsamt der evangelischen Kirche. Er geht suchend von Philosophie zu Philosophie, und wie Siddhartha findet er das Entsprechende nicht. Beide, der Dichter wie sein Geschöpf, versuchen den Selbstmord, die radikale Entwerdung. Beide versuchen die Askese, Siddhartha aber wendet sich dann dem andern Lebenspol zu, dem Weiblichen, Sinnlichen, verkörpert in der Frau. Identisch damit ist für ihn die Hinwendung zur Welt des Kaufmännischen, des Besitzes. Eros und Geld und Ansehen sind ihm die Gegenwelt zur asketisch-geistigen.

Siddhartha ists, der sich dieser Gegenwelt zuwendet. Aber Hesse selbst? Was tat er in der Zeit, in der er mit dem Siddhartha-Fragment nicht weiterkam? Warf auch er sich in die Kaufmann- und Kurtisanenwelt? Das konnte er nicht. Den Steppenwolf schrieb er erst 1927. Noch war er gefangen in seiner pietistisch-moralischen Väterwelt. Aber: In der Periode zwischen 1919 und 1922 macht er eine kurze, aber für ihn entscheidende Psychoanalyse durch bei einem Schüler von C.G.Jung. Hier lernte er zum erstenmal sich selber sehen. Er lernt die Ursachen seiner schmerzlichen Unangepasstheit an die Welt kennen. Seine pietistisch-protestantischen Verdrängungen werden aufgedeckt. Er lernt, wie später sein Harry im Steppenwolf, seinen Trieben zunächst freien Lauf zu lassen, er lernt Sexus und Eros bejahen. Er erkennt, dass seine individuelle Neurose auch eine kollektive ist: die nicht-bewältigte Kriegsneurose.

Er lernt dabei aber wesentlich mehr: Über C.G. Jung lernt er die großen alchymistischen Arcan-Thesen kennen und erfährt sie auch wirklich: Was innen ist, ist auch außen, was unten ist, ist auch oben, was im Mikrokosmos ist, das gilt im Makrokosmos. Kurzum: Er lernt die tausendfältige Welt der Erscheinungen als organisch-geistige Einheit kennen und er begreift, was Religion ist und was sie für ihn ist.

Siddhartha weiß das von seinem Autor. In der Erzählung weiß ers vom Fluss, an dem er Fährmann geworden ist. Dichter und gedichtetes Geschöpf erkennen das Leben als Strömendes. Der Fluss bringt Welle um Welle und trägt sie hinweg und bleibt dabei immer derselbe Fluss.

Siddhartha lernt von seinem Fluss nicht nur, dass „Alles EINS ist", sondern dass Alles EINS ist durch Sympathie, durch Liebe. Siddhartha lernt die Liebe. Er kann sie, da er an nichts mehr hängt, nicht einmal mehr an seinem Sohn, den ihm Kamala geboren hat und zu ihm bringt, ehe sie stirbt, der aber den Vater bald verlässt.

Hesse sagt, dass er bei der Analyse erkannte, dass er bis dahin nie geliebt hat, auch nicht seine erste Frau, die er in einer psychiatrischen Klinik unterbrachte, und auch nicht seine beiden Söhne, die er in ein Internat schickte. Notwendigkeiten, gewiss, doch gleichwohl Schuldgefühle weckend und die schon vorhandenen verstärkend.

Was Liebe ist, lernt Hesse wie sein Siddhartha durch Läuterung, das heißt: nicht durch Triebtötung und verfrühte Sublimierung, sondern durch das Mitten-durch-Gehen.

Wir fragen jetzt, ob denn zu Hesses Selbstfindung und Läuterung INDIEN nötig war. Konnte er seinen Weg nicht auch im Westen finden?

Er FAND ihn im Westen. Als er 1911 wirklich nach Indien reiste, erlebte er nichts als Enttäuschung. Das war SEIN Indien nicht. Er kehrte in die Schweiz zurück, und dort fand er, Jahre später, Indien, nämlich Indien in ihm selbst. Aber was ist dieses sein Indien, und welche Rolle spielte das reale Indien bei der Selbstfindung?

Eine konkrete Frage: Was wusste Hesse überhaupt von Indien, vom gesamten Indien-Komplex?
Hesses Vater, württembergischer pietistischer Theologe, wurde 1865 von der Basler Mission nach Indien geschickt, erkrankt dort, kommt zurück und wird Assistent bei Hesses Großvater mütterlicherseits, bei dem Indologen Gundert in Calw. Gundert, in 3. Generation evangelischer Theologe, aber unter dem Einfluss der Jung-Hegelianer kritisch sich vom Pietismus abhebend, war lange in Indien gewesen, er hatte es sprachforschend im Ochsenkarren durchreist, er lernte Sanskrit, er sprach und schrieb es, und er konnte dazu noch ein Dutzend anderer indischer Sprachen. Seine Tochter, in Indien geboren, wurde Hesses Mutter. Natürlich lernte Hermann Hesse in einer derart von Indien geprägten und durchtränkten Welt ganz von selbst ein gutes Stück Indologie.
An dieser Stelle muss eigentlich erklärt werden, wie denn in einem westlichen Haus, in der westlichen Welt überhaupt die Verbindung zu Indien hatte entstehen können. Was alles ging denn zum Beispiel der Tatsache voraus, dass die Basler Mission einen Theologen dorthin schicken konnte?
Das Interesse des Westens für den Fernen Osten ist sehr alt. Schließlich war Alexander der Große schon in Indien gewesen, und sicher ist die abendländische Kultur in ihrem Beginn schon vom Osten beeinflusst. Im Mittelalter gingen christliche Missionare wie der Jesuit Franz Xaver nach Indien. Dann kamen die Engländer als Kolonialherren nach Indien, die Amerikaner nach China. Indologie und Sinologie wurden zu anerkannten Zweigen der Wissenschaft. Einer der besten Kenner beider Kulturen war Schopenhauer. In seinem Aufsatz „Sinologie", etwa 1840 geschrieben, führt er eine erstaunlich lange Reihe von schon vorhandenen Werken über östliche Philosophien und Religionen an. Schopenhauer selbst beschäftigte sich mit den Religionen Chinas: dem Taoismus, dem Buddhismus (den er „die erhabene und liebevolle

Volksreligion“ nennt) und der Philosophie des Konfuzius. Was Schopenhauer faszinierte, war die buddhistische Lehre von der Befreiung vom Leiden durch die Befreiung vom Ich und seinen Begierden. Der davon vollkommen befreite Mensch geht ein ins Nirvana, das heißt in die Ur-Einheit, aus der alles kommt und in die alles mündet.

Außer Schopenhauer haben sich damals auch Schlegel und Humboldt mit dem Fernen Osten beschäftigt, auch Rückert und Goethe, sogar Hegel. Für die Romantiker war Schlegels Buch „Über die Sprache und Weisheit der Inder“ eine Fundgrube von Erkenntnissen und Anregungen. Bei Novalis finden wir viele fernöstliche Bilder und Gedanken. Von Novalis wiederum war Hermann Hesse stark beeinflusst. Hesses 1931 entstandene Erzählung „Morgenlandfahrt“ ist voll von offenkundigen Reminiszenzen aus Novalis' „Heinrich von Ofterdingen“. DASS Hesse sich mit Indien und China beschäftigte, war selbstverständlich. Sein Vater hatte übrigens selbst ein Buch über den Taoismus geschrieben, in dem er es als Buch voll christlicher Weisheiten darstellte. WIE Hermann Hesse sich mit dem Fernen Osten auseinandersetzte, ist eine andere Sache.

Hesse war, obgleich sehr vom Großvater, weniger vom Vater beeinflusst, durchaus nicht willens, ihnen in irgendetwas nachzufolgen. Im Gegenteil. Er blickte höchst kritisch auf seine missionarischen Vorväter. Was er darüber dachte, hat er niedergeschrieben in seiner frühen Erzählung „Robert Aghion“: Da geht ein junger Engländer als christlicher Missionar nach Indien, voller Eifer und europäischem Sendungsbewusstsein, erfährt aber bald, dass nicht Asien von Europa, sondern Europa von Asien zu lernen habe. Diese Geschichte hat man dem jungen Hesse in missionarischen Kreisen recht übelgenommen, damals. Natürlich: denn wie konnte die dogmatisch fixierte Kirche erlauben, dass da einer die indischen „Häresien“ nicht nur als religiös gleichwertig mit den orthodoxen christlichen Wahrheiten darstellte, sondern als ihnen überlegene Bekenntnisse!

Hesses Weg zur christlichen Religion war kein glatter und war überhaupt keine Entscheidung im Sinne einer religiösen Konversion. Hesse empfand seine pietistische Väterwelt und seinen protestantischen Taufschein als Schicksal, als Karma, dem zu entfliehen unmöglich ist, das nur aufgearbeitet werden kann. Jedoch: zu Hesses Karma gehörten eben jene Vorväter, die in INDIEN waren. Zu seinem Karma gehörte der Osten. Es galt für ihn also, Europäer und protestantischer Christ zu bleiben und die Wahrheit und Weisheit des Ostens da hineinzunehmen, oder vielmehr: den gemeinsamen tiefen Unterstrom zu erfahren. Mit Hilfe des Ostens haben schon viele Zeitgenossen das Christentum neu sehen und schätzen gelernt. Ich selbst gehöre zu diesen Menschen.

Hesse sagt von sich immer wieder, er sei ein grundchristlicher Mensch. Er sagt auch, dass sein eigentliches Streben die imitatio Christi sei. Darunter versteht er den Verzicht auf das empirische Ich. „Wer seine Seele [das heißt sein Ich] verliert, der wird sie gewinnen." Das ist ein Satz aus unserm Evangelium. Er könnte aus einer buddhistischen oder hinduistischen Spruchsammlung stammen, er könnte auch die Erklärung eines zenbuddhistischen Koans sein oder ein Spruch von Lao-Tse. Er kann auch von einem mittelalterlichen christlichen Mystiker stammen. Was man in der christlichen Mystik das Einswerden mit dem Christus nennt, das heißt im Buddhismus Einswerden mit dem All, Eingehen in das Nirvana, es heißt im Hinduismus Eingehen des Atman ins Brahman, das Einswerden der Einzelseele mit der Allseele. Natürlich gehören diese Begriffe und Vorstellungen sehr verschiedenen philosophischen Systemen an, und jeder christliche Theologe wird sagen, oder sagen müssen, dass das Einswerden mit dem Christus entsprechend dem christlichen Glaubenssystem den Glauben an einen PERSONALEN Gott voraussetzt. Der Buddhismus dagegen sei a-theistisch, freilich nicht im Sinne des modernen Agnostizismus (des „ignoramus"), denn der Buddhismus kennt zwar keinen persönlichen Gott, aber „DAS GÖTTLICHE". Der Hinduismus dagegen kennt einerseits eine Unzahl von „Göttern", andrerseits aber auch keinen Unterschied zwischen Gott und Schöpfung: Alles ist göttlich, alles IST Gott. Man kann ihn also, wenn man will, pantheistisch nennen. Er ist eine Religion der überquellenden Mythen und Symbole und komplizierter Riten, aber auch eine zutiefst verinnerlichte oder verinnerlichbare Religion. Das ist nicht schwierig zu verstehen, wenn wir ihn mit dem Katholizismus vergleichen: da gibt es einerseits, entsprechend dem Brahmanismus, die Kirche mit ihren strengen Dogmen und Riten und der Herrschaft der Priesterkaste, andrerseits die charismatischen Bewegungen, die zur Mystik neigen und denen äußere Formen und dogmatische Fixierungen unwesentlich, ja schädlich scheinen. Und an Stelle der vielen Götter verehren wir schließlich eine Unzahl von Heiligen, praktisch keine Unterscheidung machend zwischen Verehrung und Anbetung, welch letztere nur Gott allein zusteht.

Hesse liebte vor allem den Hinduismus der Frühzeit, da er fast noch Vedantismus ist. Wüssten wir das nicht aus seinen Briefen und einzelnen Aufsätzen, könnten wir es ablesen aus dem Siddhartha: Siddhartha kommt aus dem Brahmanenstand, dem Gelehrtenstand, der sich mit vedantischer Theologie befasst, mit den altindischen Schriften der Veden und Upanishaden. Dann geht er über zu den Buddhisten, die ihre Religion in asketischen Orden leben. Dann sucht er die reine Lehre des Buddha Gotama selbst. Zuletzt aber, auf dem Weg über das lebendig ausgelebte Leben, findet er die ihm gemäße Religion, die zwischen dem alten Vedantismus und dem Hinduismus steht. Der Vedantismus ist polytheistisch, kennt aber ein Ur-Wesen, Purusha genannt, das dem entspricht, was wir „Heiliger Geist" nennen, was die Griechen „Pneuma" nannten, die Hebräer „Ruach".

Wir können aber Hesse nicht so genau festlegen und sagen, er sei Hinduist gewesen oder was auch immer. Denn weder sind die indischen Formen der Religiosität so scharf zu trennen, wie wir im Westen es mit Hilfe der Theologie und vor allem der Philosophie tun. Alles geht in Indien ineinander über, alles fließt. Und auch

Hesse selbst ist nicht festzulegen. Er sagt, hinter seiner Weltsicht stehe kein Glaube, das heißt, kein in Dogmen formulierter, in einer Kirche strukturierter und ritualisierter. Er sagt von sich, er sei Christ. Ein Christ, der sich nicht auf Kirche und Dogmen einengen lässt, sondern „das Christliche" erweitert um alles, was dem christlichen Kern in andern Religionen entspricht, also die Lehre der uneingeschränkten Liebe, der Gewaltlosigkeit, der Einheit. Hesse hatte, wie viele von uns es haben, ein starkes Bedürfnis nach Religion, aber ein ebenso starkes nach der Lösung von überlebten Vorstellungen.

Hesse war Protestant, aber er sagte, er wollte lieber katholisch sein. Warum das? Er vergleicht die beiden westlichen Konfessionen mit den beiden östlichen. Der Katholizismus entspreche dem Vedismus-Hinduismus; hier wie dort ist Reichtum an Bildern, an Heiligen, an Symbolen, und unter dem dogmatischen Überbau fließt der mystische Seelenstrom. Der Protestantismus entspreche dem Buddhismus, den er als „indische Reformation" sieht: das Gewissen des einzelnen wird höchste Instanz, der äußere Kult wird auf ein Mindestmaß reduziert, die Priesterkaste verliert ihre Machtstellung. Der Buddhismus sei die große Reinigung, die Sammlung aufs Wesentliche. Aber die anfängliche Vergeistigung habe zur Austrocknung geführt, die Götterlosigkeit zur öden Leere, die Reinheit zur Sterilität.

Hesse brauchte die Welt- und Glaubensfülle, eine Welt voller Götter, eine götterbeseelte Erde, die den Sinnen ihr Recht zukommen lässt. Das alles findet er im frühen Hinduismus. Aber Hindu wurde er nicht, so wenig wie er katholisch wurde. Er legt sich nicht fest, denn er will ALLES.

Schopenhauer schreibt von einem großen chinesischen Kaiser, der alle drei Religionen seines Reiches als EINE empfand: den Buddhismus, den Konfuzianismus, den Taoismus.

Hier ist nun das Wort Taoismus gefallen und bedarf der Beleuchtung. Was der Taoismus ist, das ist nicht wirklich zu erklären, auch wenn wir es definieren können. Tao wird übersetzt mit SINN oder WEG, oder auch mit WORT im Sinne von Logos. (Im Anfang war das Wort.) Aber die alten Chinesen sagten: „Der Sinn, den man ersinnen kann, ist nicht DER SINN.“ Das Tao ist so wenig wie Gott mit dem Intellekt zu erfassen, sondern nur existentiell zu erfahren und dann in unzulänglichen Bildern weiterzugeben. Für unser Thema genügt hier, zu wissen, dass der Taoismus „dialektisch“ vorgeht. Er sieht die Welt bi-polar: ein jedes Ding und Phänomen IST nur, insofern auch sein Gegenteil IST. Der Tag ist nicht Tag, wenn nicht die Nacht Nacht ist. Das Leben ist nicht Leben ohne Tod. Das Yin ist nicht ohne das Yang: das weibliche Prinzip ist nicht ohne das männliche. Das gilt im Mikrokosmos wie im Makrokosmos. Durchgängig. Es gibt Polaritäten, aber keine Widersprüche, denn das scheinbar Widersprüchliche ist nur der notwendige andre Pol. Alle Widersprüche lösen sich auf im Ganzen.

Wir haben diese Lehre im Westen nicht nur in der Alchymie des Paracelsus, sondern auch in der orthodoxen Theologie des Nicolaus Cusanus, der von Gott sprach als von der „coincidentia oppositorum“. In Hesses Siddhartha steht im letzten Kapitel: „Von jeder Wahrheit ist das Gegenteil ebenso wahr“, und er nennt das seinen „besten Gedanken“. Was Hesse am Taoismus anzog, war die Vorstellung dessen, was man in der Alchymie „Hochzeit der Widersprüche“ nannte oder nennt. Hesse kritisiert am Buddhismus: „Wenn der Erhabene von der Welt sprach, so musste er sie teilen in Sansara und Nirvana, in Täuschung und Wahrheit, in Leid und Erlösung … Die Welt selbst aber ist nie einseitig. Nie ist ein Mensch ganz Sansara oder ganz Nirvana, nie ganz heilig, nie ganz sündig … Auch Zeit ist eine Täuschung. Die Welt ist in jedem Augenblick vollkommen … Alle Sünde trägt die Gnade in sich, alle Säuglinge den Tod, alle Brahmanen den Räuber…“ Alles ist also gut, alles bedarf nur der liebenden Zustimmung des Menschen.

Das sind Vorstellungen, die ebenso dem Taoismus wie dem Vedismus-Hinduismus zugehören. Von da ist ein kleiner Schritt zur Erfahrung des „Tat twam asi“: Das bist du. Dies ist, in der Tat, die tiefste Erkenntnis, die ein Mensch haben kann. Siddhartha-Hesse spricht sie aus am Ende des letzten Kapitels, als er, statt seinen Freund Govinda weiter mit Worten zu belehren, bittet, er solle ihn auf die Stirn küssen. In diesem Augenblick ereignet sich wohl das, was man im Buddhismus Samadi, im Zenbuddhismus Satori nennt, in der christlichen Mystik die „Schau“, in der alle Theologie, alles Denken, alles individuelle Ichsein ausgelöscht wird als Störendes, und die unmittelbare Wesensschau eintritt. Der christliche Theologe Thomas von Aquin hat sie erlebt: er, der die ganze Summe der Theologie und Philosophie vom Altertum bis zum Mittelalter innehatte und systematisierte, sagte am Ende seines Lebens: „Alles, was ich schrieb, ist Spreu.“ Das heißt: Alles Gedachte ist Teilwissen und Schatten dessen, was ich jetzt in einer Gesamtschau sah. Die Zen-Meister benutzen einen Stock oder eine andre plötzliche und schockierende Berührung des Schülers, und da fällts ihm wie Schuppen von den Augen und er „schaut“, was er vorher lange vergeblich zu er-denken versuchte. Was schaut er? Das eben ist nicht sagbar, weil es von seinem Wesen her wortlos, jenseits der Worte ist. Es IST. Das genügt. Das ist ALLES.

Bei Hesse, dem Schriftsteller, ist es notwendigerweise diesseits der Worte. Er hat nur das Wort zur Verfügung, um weiterzugeben, was er (vielleicht) erlebt hat. In einem Aufsatz aus jener Zeit, betitelt „Aus Martins Tagebuch“, schreibt er: „Vorgestern war der wichtigste Tag meines Lebens. Ich habe zum ersten mal etwas erlebt, das ich vorher nicht kannte und immer gesucht habe.“ Im Siddhartha führt er das hier Angedeutete in einer langen Passage aus: er sah statt des Freundes Gesicht „einen strömenden Fluss von Gesichtern, welche kamen und vergingen und doch alle zugleich dazusein schienen, sich beständig veränderten, und welche doch alle Siddhartha waren … Er sah das Gesicht eines Fisches, eines Neugeborenen, eines Mörders, die Gesichter von Liebespaaren … er sah Krishna selbst und alle in Beziehung zueinander …"

Es scheint, dass Hesse im Vorhof des Samadi-Erlebnisses stand. Wir hören in seinem ganzen Werk nichts weiter darüber, was dafür spräche, dass er eintrat ins Geheimnis. Aber wie auch immer: Er hat begriffen, worum es geht, nämlich um das Erlebnis der Einheit des Ganzen, des Seienden mit dem Sein. Jedoch zur Überwindung des Ich sind wir Westlichen schlecht geeignet. Wir halten zwanghaft daran fest, dass jeder von uns ein scharf von andern und anderem abgegrenztes Ich ist. Wir haben geradezu Höllenangst vor dem Verlust dessen, was uns, auch wenn es Qual bereitet, das Höchste erscheint: unsre Persönlichkeit, unser ICH. Daher unsre Angst vor dem riskanten, der Liebe hingegebenen Leben und vor dem Tod, nach dem wir, wie wir fürchten, gar nicht mehr oder nicht mehr genau Wir-Selber sind. Aber haben wir nicht in unsrer eigenen Religion, der christlichen, deutliche Aussagen darüber, was es mit diesem unserm Ich für eine Bewandtnis hat? Im schon zitierten Satz vom Gewinnen des Lebens beim Verlust des Ich, und im Gleichnis vom Weinstock, dem Symbol (das wie jedes echte Symbol zugleich eine Realität ist) für die All-Einheit der Menschheit mit ihrem Christus? Aber wir hören nicht gut zu. Auf dem Umweg über den Fernen Osten, wie gesagt, lernen wir solche Aussagen neu verstehen, mit freudigem Erschrecken.

Für Hesse den Christen und für Hesse den Hindu ist der Heilige die höchste Form des Menschseins. Der Heilige aber, das ist der vollkommen Liebende.

Und damit kehre ich zum Anfang dieser Überlegungen zurück und frage erneut: Was ist nun INDIEN wirklich für Hesse?

1931 schrieb er seine Erzählung „Morgenlandfahrt", jene an Novalis entzündete Geschichte von einer Gruppe intellektueller Westeuropäer, die sich aufmacht, das Morgenland zu suchen. Hesse sagt hier nicht mehr Indien, er sagt Morgenland. Morgen, das ist ein mit Bedeutung beladenes Wort: es ist der frühe Morgen, das

Unverbrauchte, Frische, Ursprüngliche, der Sonnenaufgang, der Neubeginn, die Lebensfrühe, die Kindheit, die Kindlichkeit, und auch das Land von Morgen, die Zukunft. Die Pilger gelangen nie in dieses Land, aber einige finden es doch: in sich selbst.
Hesse, der Spätromantiker, gehört in die Reihe jener, die den Glauben nicht aufgeben, es existiere irgendwo ein seelisch-geistiges Eldorado, ein Eden, ein Paradies, in dem alle Geheimnisse des Lebens sich entschlüsseln, alle Widersprüche sich auflösen, eine Insel der Seligen – das Land UTOPIA.
Es gibt viele Berichte über den Aufbruch von Menschen, von einzelnen, Stämmen, Völkern nach Utopia, seit die Juden aus Ägypten auszogen, das Land Kanaan zu finden, das „überfloss von Milch und Honig“, seit Alexander nach Indien zog, seit Columbus nach Indien sich einschiffte und Amerika fand, seit der heilige Brenda aus Irland die Insel Atlantis suchte … Auf einer Weltkarte des 16. Jahrhunderts ist noch eine Insel eingezeichnet, die es nicht gibt und damals nicht gab, nämlich geographisch nicht gab und gibt, und an deren Existenz man doch glaubte. Es gibt ein berühmtes Schriftstück, die Antwort auf den Brief des sogenannten Priesterkönigs Johannes an Papst Alexander III. und an Kaiser Friedrich Barbarossa. Der Brief des Papstes ist sogar datiert: 27. September 1177. Der Priesterkönig gab sich aus als Herr eines Riesenreichs, Groß-Indien genannt, das auch das irdische Paradies einschloss. Der Papst beantwortete den Brief, jedoch den Adressaten gab es nicht. Ernst Bloch, bei dem ich darüber einmal etwas gelesen habe, meint, der Schreiber habe mit seinem Brief an den Papst etwas bezwecken wollen, vermutlich enthielt der Brief eine scharfe Kritik an der weltlich-kirchlichen Macht, eine Kritik, die niemand sich offen zu sagen getraute und die sich nur einer erlauben durfte, der dem Papst als Herrscher von Groß-Indien Respekt und Gehör abnötigte. Wie auch immer: Indien wird erwähnt als das Reich, in dem das Paradies liegt.

Indien, das war eben im Mittelalter ein weites Gebiet, ein weiter Begriff, ein Symbol. Letzten Endes war es die Chiffre für einen geheimnisvollen Ort, der vielleicht geographisch konkret irgendwo war, sicher aber als geistig-seelische Provinz archetypisch für wirklich gehalten wurde. Mit Recht, möchte man sagen. Glauben wir nicht alle daran, dass es ein Land gibt, „Himmel“ genannt, in dem wir in Frieden leben können und in dem uns die Tränen abgewischt werden, wie es uns verheißen ist?

Wo aber finden wir dieses Paradies, wo finden wir UNSER INDIEN?

Dort, nur dort, wo Hesse es fand: in uns selber.

Damit kehre ich zurück zu dem schönen Satz von Simone Weil, den ich als Motto über diese Ausführungen stellte:

„… Plötzlich öffnete Athene ihm die Augen, und er erkannte, dass er auf Ithaka war.“

Bitte beachten Sie auch die folgenden Seiten

Luise Rinser und Ernst Jünger

Briefwechsel 1939 - 1944

AUFGANG VERLAG

Luise Rinser und Ernst Jünger

Briefwechsel 1939 - 1944

Mit einer Erzählung aus dem Nachlass Luise Rinsers und mit einem einführenden Essay von Benedikt Maria Trappen

Leben und Werk Luise Rinsers (1911 – 2002) können, dem Grundverständnis ihres Biografen José Sánchez de Murillo folgend, exemplarisch als epochaler Versuch der Verwirklichung des *Menschlichen* vom *Weiblichen* her verstanden werden. Zu den Grundbedingungen dieses Versuches gehört es, *Geist* und *Eros* in eine fruchtbare Spannung zu bringen. Bedeutende geistvolle Männer spielen daher im Leben Luise Rinsers immer wieder eine wichtige Rolle, einige von ihnen vor allem als Briefpartner. Zu diesen gehört neben Franz Seitz und Hermann Hesse in den frühen Jahren auch Ernst Jünger. Mit wem, wie, warum, zu welchem Zeitpunkt, zu welchem Zweck sucht Luise Rinser den brieflichen Kontakt? Was weiß sie von ihren Briefpartnern? Welches Bild hat sie von ihnen? Was wissen diese von ihr? Was erhoffen sie? Was befürchten sie? Was bewirkt der Austausch – bei ihr und bei ihren Briefpartnern? Wie verhalten sich Alltagsrealität, Briefwirklichkeit und Schriftstellerei zu einander? Welche Bedeutung kommt der Zeitgeschichte zu? – Dies sind Leitfragen, die dazu dienen sollen, den Briefwechsel zwischen Luise Rinser und Ernst Jünger zu erhellen, um das Tiefenphänomen dieses schöpferischen Lebens deutlicher sichtbar werden zu lassen. Beigefügt ist eine bislang unveröffentlichte aufschlussreiche Erzählung, die die junge Autorin ihrem Vorbild gewidmet hat.